积极心理学视角下的
生命教育研究

李霞 ◎ 著

安徽师范大学出版社
ANHUI NORMAL UNIVERSITY PRESS

·芜湖·

图书在版编目（CIP）数据

积极心理学视角下的生命教育研究 / 李霞著 . —芜湖 : 安徽师范大学出版社，
2021.6

ISBN 978-7-5676-5139-5

I.①积… II.①李… III.①生命哲学—中小学—教材 IV.①G634.203

中国版本图书馆 CIP 数据核字（2021）第 093076 号

积极心理学视角下的生命教育研究

李　霞◎著

责任编辑：吴毛顺　　责任校对：辛新新
装帧设计：王晴晴　　责任印制：桑国磊
出版发行：安徽师范大学出版社
　　　　　芜湖市北京东路1号安徽师范大学赭山校区
网　　址：http://www.ahnupress.com
发 行 部：0553-3883578　5910327　5910310（传真）
印　　刷：苏州市古得堡数码印刷有限公司
版　　次：2021年6月第1版
印　　次：2021年6月第1次印刷
规　　格：700 mm × 1000 mm　1/16
印　　张：9.5
字　　数：150千字
书　　号：ISBN 978-7-5676-5139-5
定　　价：39.80元

序

《国家中长期教育改革和发展规划纲要（2010—2020年）》在战略主题中明确提出，要教育学生"学会生存生活"，要"重视安全教育、生命教育、国防教育、可持续发展教育"。

在生活节奏加快、文化日益多元化的社会背景下，开展生命教育是当前家庭、学校和社会促进青少年健康成长的重要任务。我们要让孩子尊重和热爱生命，树立正确的生命观，领悟生命的价值和意义，帮助他们自觉提升生命质量，同时与他人、社会和自然建立和谐关系，促进生命的和谐发展，最终成为充满独特价值的生命个体。

《积极心理学视角下的生命教育研究》给我留下了深刻的印象。作者对积极心理学、生命教育以及积极心理学视角下的生命教育体系进行了系统描述，在梳理积极心理学相关理论的基础上，展开对生命教育的思考。更为可贵的是，作者能够以积极心理学的视角构建生命教育体系，其中不乏真知灼见，对实践工作有很好的指导意义。

作者作为一位多年深耕在教育教学一线的心理教育工作者，对学生生命质量的关怀和重视从书中可见一斑。本书打破了过去将生命教育等同于安全教育的认识，将生命教育的内容层层递进、层层深化。生命教育不仅是认识自己的生命，提升个体幸福感，更是家国情、爱国心的体现，只有珍爱自己的生命、尊重他人的生命，才能珍惜人类的共同命运；生命教育是唤醒生命意识、开发生命潜能、提升生命质量、启迪精神世界的发展性教育；生命教育是关注生命的整体发展，使其成为充满活力，具有健全人格、鲜明个性、创造智慧的个体的活动；生命教育不仅包含生存价值教育，还包含教育学生思考生活的意义，是物质追求与精神追求相平衡、个体发展与社会发展相协调的教育。

　　作者在总结多年一线教学经验的基础上，对当下生命教育实践中存在的问题进行了深入思考，在积极心理学视角下提出了生命教育的理论和实践方法，读之眼前一亮。我从中感受到作者对生命的敬畏之心，对孩子的热爱之情，对教育事业的崇高使命感。积极的生命教育是一项系统工程，我们需要像李霞老师这样的志同道合者，从积极心理学视角挖掘学生内心的力量。

　　作为老师，我们无法预测孩子的未来，只能期望未来美好，陪伴孩子过好当下的每一天。苏霍姆林斯基说："请记住：每一个儿童都是带着想好好学习的愿望来上学的。这种愿望像一颗耀眼的火星，照亮着儿童所关切的情感世界。他以无比信任的心情把这颗火星交给我们做教师的人。"积极心理学视角下的生命教育体系建设可以为这样的愿望添上一颗小小的火星。

　　祝福每一个孩子，祝福每一个为孩子的健康成长而孜孜不倦、勤于思考和奋进的老师！

伍新春

2021年3月16日于北京师范大学

前　言

今天是元宵节，此刻，看着窗外满天的繁星，我深深地吁了一口气，心中升腾起一丝欣慰和满足：明天就要开学了，今天书稿终于完成了！2021年的春节，响应国家号召，安安静静地在家过年，我终于有机会静下心来，"逼"自己一把，希冀能把自己多年对教育教学的积累和思考做一个总结，于是夜以继日地码字，度过了一个充实而有意义的假期。

近些年来，伴随着我国社会经济发展带来的快节奏和强竞争，越来越多的学生面临着或大或小的心理压力。面对这些压力，一些心理韧性相对较弱的学生容易陷入心理危机，伤害自己、颓废度日等忽视生命的现象时有发生。面对这些现象，相信每一位心理健康工作者都会感到困惑和担忧，作为一名教育工作者，笔者意识到，我们需要做出一些改变和创新，以期能帮助孩子们认识生命、尊重生命、珍爱生命、发展生命。

26年的教学生涯，始终与孩子们相依相伴，作为一名基层的心理工作者，怎样将积极心理学融入生命教育这个课题已经在我的心里生根发芽多年了。在多年的教学和咨询工作中，看到有些孩子不珍惜生命，不尊重自己和他人的生命，尤其是看到很多孩子虽然身体健康，但心理上已经迷失了自己，正在慢慢消耗自己的精神生命，他们表面上看似天天过得热热闹闹、开开心心，实则好多年轻的生命已经失去了生命本身该有的发展动力和活力，这是作为教师特别心疼和焦急的地方，也是我一直想探讨积极生命教育的主要动力和原因。

正如顾明远老先生所言："教育的本质是生命教育！"生命，是教育的基石，是教育和教学反思的原点。我们的生命应有所觉醒、有所提升，这是人生面临的且必须应对的重要课题。学校教育的目的不仅是教育学生学习知识、谋得职位，更要教育学生体会人生的价值和意义，使学生精神层面的生命得以升华。积极心理学作为人类追求幸福生活、和谐生活的指路明灯，能够较好地应用于教学实践中，对学生学习成绩的提高、个性的发展、抗挫折能力的提升、积极人格的培养等方面都能够发挥重要作用。

本书主要目标是引导个体珍爱生命，重点引导个体尤其是成长中的儿童、青少年重视精神生命的成长，认识生命的本质，理解生命的意义并积极创造生命的价值，从而自觉发掘自身潜在的生命能量，提升生命质量，实现生命价值，最终树立正确的生命观，使个体在自我、他人、自然之间建立和谐关系。本书系统全面地阐述了积极心理学视角下的生命教育体系建设与应用，总共分为三章。第一章积极心理学概论，内容包含积极心理学——幸福科学的伟大突破、积极心理学本土化发展、积极心理学核心内容及应用、积极心理学的意义、积极心理学对教育教学的启示等；第二章生命教育的反思与展望，内容包含三生教育概述、生命及生命特点、生命教育探究、生命教育的重要性、生命教育的发展方向等；第三章积极心理学视角下的生命教育体系构建，内容包含积极心理学在学校教育中的应用、积极心理学实践的国外现状、积极教育在我国的实践探索与反思、积极心理学在学校教育实践中的意义、生命教育与学校教育的融合、积极心理学视角下的生命教育体系构建等。笔者力图让每一位青少年认识到生命只有一次，树立生命的的神圣意识，学会自尊自爱，理解生命的本质与崇高，不断发掘生命的能量，培养社会责任和担当，还能以感恩之心回馈家庭、社会和国家，实现自己生命的价值。

本书内容积极向上、充满正能量，可以作为中小学教师生命教育培训教材，对中小学教师开展教育教学有借鉴价值；可以作为家庭生命教育材料，对指导家长开展家庭教育、亲子教育有借鉴意义；同时可以作为社会上从事相关专业人员的参考用书。

在本书付梓之际，我要感谢26年来与我相依相伴的孩子们，是你们给了我思考生命的灵感；感谢共事了26年的学校领导和同事，是你们给了我思考生命教育的平台；感谢在此书写作和出版过程中给予我无私支持、帮助和理解的每一位朋友和家人，是你们的鼓励和信任让我敢于拿起笔，完成自己认为不可能的事情。在这一过程中，我真正体验到了什么叫"相信'相信的力量！'"。

　　由于本人学识有限，本书难免会有不尽如人意的地方，恳请各位专家和读者不吝赐教，本人会不断调整修正，以便提高本书的学术水平和适用性。

李　霞

2021年2月26日于青岛

目　录

第一章　积极心理学概论

第一节　积极心理学——幸福科学的伟大突破

积极心理学是一门从积极视角研究传统心理学研究内容的新兴科学。积极心理学自出现至今一直被认为是人类社会发展历史上的重要里程碑，是心理学领域的一次革命。2000年1月，马丁·塞利格曼和米哈里·契克森米哈两位心理学家联合发表《积极心理学导论》，学界普遍认为这是积极心理学成为独立研究领域的标志。积极心理学自出现以来，一直采用科学的方法研究幸福等人类的积极品质，倡导心理学的积极取向，以研究人类的积极心理品质、人类的健康幸福、和谐发展为目标。

"积极"这一词语来源于拉丁语positism，是"实际"或者"潜在"的意思，这意味着"积极"一词既包括内心冲突，也包括潜在能力。积极心理学的研究可以追溯到20世纪30年代荣格对于生活意义的研究；后来特尔曼（Terman）对幸福感、婚姻进行了探讨，将心理学的研究视角引到了相对积极的角度。20世纪60年代，关于人类潜能的研究越来越多，众多心理学家投身于人本主义心理学的研究，为积极心理学的研究奠定了扎实的基础。由于第二次世界大战的爆发，关于积极心理学的科学研究几近停滞，战后对心理学研究的重建成为心理学界的主要任务。同时，战争影响了心理学的研究取向，战争导致的心理和行为的紊乱成为当时的主要议题。显而易见，这都是负性的研究内容，心理学对个体积极的影响似乎被遗忘了，"治疗"模式成了心理学主要的发展方向。

20世纪末，西方心理学界的研究目标逐渐回到心理学的积极视角。美国当代著名心理学家劳拉·金、马丁·塞利格曼、谢尔顿对积极心理学的本质进行了定义，他们一致认为积极心理学是致力于研究普通人美德的科学。积极心理学的研究范围包含如幸福等人类的积极品质，在此基础上，发掘和探索人类本身存在的建设性力量非常重要，最终目的是帮助个体获得幸福生活、幸福生命。可以看出，积极心理学的理论基础与过去的传统心理学不同，与"消极心理学"的研究方向完全相反。积极心理学参考测量心理学，在研究过程中融入了比较完整的测量和实验的方式，形成了心理学研究的新思潮。

幸福是什么？我们如何获得幸福？获得幸福的奥秘是什么？为什么现在的人常常觉得不幸福、不快乐？怎么做可以保持生命的最佳状态？我们的心灵世界应该如何充满乐观、希望和阳光？这样的问题越来越频繁地被提及。面对这一现状，积极心理学提供了新的角度和思路，对于幸福生活进行了全新的定义。积极心理学与传统心理学明显的差异在于积极心理学打破了近百年来普通大众对于心理学的认知。传统心理学对于负向和消极的内容更为关注，目的在于解决个体出现的心理问题；而积极心理学以提升幸福感、谋求发展为己任，聚焦于"如何获得幸福"，是心理学界的"幸福革命"。

不可否认的是，人生中一定会出现痛苦，但与此同时，每个个体都有谋求幸福的力量。积极心理学认为获得"更幸福的生活"是个体的重要诉求，它将目光聚焦于发掘个体、团体和社会良好发展的因素，并运用这些因素帮助个体获得健康的身体，生活幸福，促进社会的繁荣。

一、积极心理学的含义

积极心理学是采用科学的方法研究幸福等人类积极品质的科学，倡导心理学的积极取向，关注人类的健康幸福和谐发展。当代杰出的积极心理学家埃德·迪纳曾做过关于幸福科学的报告——《幸福科学的伟大突破》。他认为随着积极心理学的发展，关于幸福的话题受到了越来越多的关注。积极心理学更应该遵循科学的原则，只有这样才能经受住大众的考验。科学的原则是讲求事实、有理有据，不经过科学检验的研究成果是不可取的，主观的感觉也是不可取的。迪纳还认为，积极心理学的研究内容包含人类心理中所有正向的因素，不仅仅只包含惯常所理解的美德和幸福等内容。迪纳的这一观点十分珍贵，因为迪纳本人是积极心理学界的中流砥柱，且他一直致力于研究"主观幸福感"——正是他提出的所谓"狭义"的积极心理学的部分，但他没有因此就选择沉默，而是勇敢地站出来，并提醒未来的积极心理学家要有更加开阔和长远的眼光。迪纳对于未来积极心理学有更高的期待，能够站在更长远的角度考虑问题，同时超越了自身对于学术的好恶。做学问的学者，尤其是某一领域的领头人，不能仅仅局限在自己的研究领域，更不能仅仅在自己的认知范围内建立学科的评价准则，打压后起之秀、扼杀新的观念和思想。

实际上，积极心理学的出现是必然的。当研究人类心理问题的研究领域出现时，必然会出现研究心理积极部分的领域，积极心理学正是研究过去被大众所忽视的领域。在研究方法上，积极心理学没有太多的革新，仍然采用传统的心理学科学的研究方法。但是积极心理学由于其研究内容的积极性，更能引发大众的兴趣，传递积极的观点和态度，同时传递积极心理学家利国利民的意愿，这都是积极心理学的优势和被重视的原因。

长久以来，普通大众都用"幸福"取代"积极心理学"，认为这样可以扩大积极心理学在心理学界的影响。这一观点的出发点和动机是可以理解的，但是我们不得不承认"积极心理学"的研究范畴是广泛的，除了"幸福"这一主题，积极心理学还研究道德、智力、审美、创造、积极的社会关系、积极的社会组织、生活的意义等内容。"幸福"只是"积极心理学"研究的一个重要方面。

爱、勇气、力量、超越等都是积极心理学提及的优秀品质，最早可以追溯到维多利亚时代，那时的社会评判标准——鼓励个体应该具有责任、担当、爱、勇气、力量等积极的品质。可见对人类积极品质的关注，并不是因为积极心理学才出现的。例如在哲学领域，苏格拉底曾经提出过"快乐说"，他强调个体应该乐观快乐地生活，这表明积极心理学有深厚的哲学基础。当然，探索和创新对积极心理学来说也很重要，在传承已有观点和创新观点中取得平衡是需要积极心理学家深刻思索的。

二、传统积极心理学涵盖的内容

（一）感恩

感恩是积极心理学研究的重要内容。日常生活中我们提到的感恩常常被认为是一种回报，感恩他人的给予。实际上，积极心理学提及的感恩不是一种报答，而是我们对已经拥有的事物体验到的快乐感受，更多的是类似欣赏的主动体验。

（二）影响幸福人生的五大因素

拥有幸福人生是许多人的追求和梦想，如何拥有幸福人生呢？积极心理学认为拥有幸福人生有五大影响因素，简称为"PERMA"（Positive emotion、Engagement、Relationship、Meaning、Accomplishment）。"PERMA"是人类的五大心理基础，包含积极情绪、投入、人际关系、意义、成就五个部分，幸福感在这些过程中被激发。它不仅可以帮助个体感受到幸福还可以提高工作效率，促进身体健康。

（三）美德

美德是积极心理学研究的重要内容。人类不管处于何种文化和时代背景下，都有公认的美德。根据塞利格曼的研究，积极心理学包含六个领域和二十四项优势，如正直、勇气、智慧、仁爱、升华、节制等。如何发展、传播、弘扬美好的品质，是积极心理学所关注的。

（四）主观幸福感

主观幸福感是指每个人对自己现有生活是否足够满意。"你幸福吗？"就是一个很好的对主观幸福感进行思考的提问，包括个体对生活的满意程度，以及出现积极感受的频次，这也是积极心理学中对"幸福"的定义。

（五）意志力

教师在与学生沟通的过程中常常说到"毅力"，积极心理学将这一部分称为"意志力"。这是能够驱使个体坚定行事、做个体认为应该做的事情的动力和精神，具有提升学识、境界和能力的作用。

（六）心流

心流这一概念出自人本主义心理学，在心流的状态下可以体验到主观幸福感。积极心理学认为心流是个体做喜欢的工作和事情时获得的幸福与快乐的感觉。米哈里·契克森米哈将心流定义为个体参与一项自己有能力解决但是又具有一定挑战性的任务，或者说个体需要投入很多已有资源和技能，并且由内部动机驱使的任务时，进入的一种特殊的心理状态[①]。

三、积极心理学内涵的发展

除了上述内容之外，还有一些常规认知之外的研究内容，但同样是积极心理学的研究内容，也是积极心理学的核心课题。

（一）利他行为

利他行为是一种有意识、自愿帮助别人且不图回报的行为[②]。尤其是培养青少年的利他行为，对个人和社会未来的发展非常重要。

（二）自我控制

自我控制指的是个体控制自己的欲望，保持自己的适宜状态。这是非常重要的自我调节能力，这一能力会影响到个体的人生发展轨迹，与生活质量息息相关。

---

① 杨政乾,陈泽凡,刘嘉,等.基于游戏的领导力训练[J].心理技术与应用,2019,7(08):485.

② 叶宝娟,周秀秀,雷希,等.亲子依恋对大学生利他行为的影响:领悟社会支持和人际信任的中介作用[J].中国临床心理学杂志,2020,28(02):267.

（三）积极教养

父母对于儿童的教养方式有很多种，积极教养方式指的是父母采用积极的态度养育孩子，也是积极心理学的研究内容。与其他的教养方式不同，积极教养不强调对孩子的过度管教，在给予自由和空间的情况下建立相对公平的规则，它不等同于完全放任的教养方式，是最符合儿童成长需要的教养方式。

（四）尽责心

拥有尽责心的人对分内的事情展示出负责、自律、克制的特质，尽责心是对自己和他人状况的觉察，能够感受到他人或自己的心理状况。

（五）自我效能感

心理学家班杜拉认为，自我效能感是个体对自我能力及作用效果的认识和判断。自我效能感在心理学中被广泛研究，是积极心理学近年来研究的重点。

（六）友情

友情是我们日常感情生活中的重要组成部分，每个人都不是孤岛，都有社交需求，因此友情也是积极心理学研究的核心课题。对他人的照顾和关心、来自他人的关注都可以称之为友谊，日常生活中的友谊、美好感受都是幸福重要的基石。

四、积极心理学研究视域

米哈里·契克森米哈与心理学家马丁·塞利格曼是积极心理学共同的创始人。他们合著的《积极心理学导论》中提到一个重要的观点，他们认为心理学正处于关键的转折点，心理学家的身份发生了转变。"如何促进个人与社会的发展，帮助人们走向幸福，让大众满意、让家庭和睦、让工作称心如意、让青少年茁壮成长"成了当时社会发展的主要任务，这一社会发展的主要任务迅速改变了当时心理学的格局，引起了众多心理学家的关注。

与传统心理学研究的心理问题不同，积极心理学专注于研究个体的积极方面，如积极的情绪体验、积极的人际关系、积极的价值观等。积极心理学像是一股新鲜的血液，为当时些许沉闷的心理学界带来了新生的力量。积极心理学不仅将心理学的研究视域由单极转为双极，并且引领心理学迅速与教育、管理等学科融合，为跨学科研究提供了更多的基础和依据。

积极心理学并未对研究方法进行创新，而是将心理学界已有的实验和测量等科学完善的方式进行了总结和应用。积极心理学希望能够将个体内心中积极的一方面挖掘、扩大，激发潜能，帮助个体获得幸福人生。随着研究的推进，国外积极心理学家将研究深入医疗、卫生、管理、服务、教育等领域。在积极心理学与教育融合的过程中，探讨了积极心理学视角下如何增进青少年的心理健康水平等。

（一）个体主观积极体验层面

个体主观积极体验是个体在日常生活中常常体验到的积极情绪，产生于主观体验层面，是积极心理学研究的重要内容，包含"愉悦""希望""幸福""诚实""满意"等方面。通过测量个体的主观幸福感，考察不同个体对于幸福的体验。从生物进化的角度来看，快乐是人类进化过程中形成的心理机制，对于个体的发展十分关键，能够帮助个体获得前进的动力，更有可能走向成功。

（二）积极人格特质层面

个体之间先天的差异是积极心理学研究的内容，比如个体潜在的积极人格特质等。除了潜在能力、个体自我实现能力，每个人身上都拥有积极人格特质下的积极特征。积极心理学可以激发个体潜能、强化个体改变和适应的能力，让每个人更积极主动地建构环境、体验环境。个人主观的积极体验与个人的积极特质紧密相关，两者互相促进、相辅相成。一方面，积极的情感体验可以让个体积极的人格特质得到更好的发展；另一方面，拥有积极人格特质的个体更容易获得积极的情感体验。

除了个人层面，积极心理学将关系纳入了研究的范围，如个体与环境的互动。个体的成长是在与他人和环境的互动中获得的，良好的环境和互动关系对青少年的发展至关重要。因此，家庭、学校和社会中的人际关系都与个体的心理健康水平密切相关。当青少年认可社会环境及社会关系时，他们的心理健康水平更高，更可能获得好的发展。

（三）学校教育领域

积极心理学对教育领域有重要影响，各个教育阶段的个体都在积极心理学的研究范围之内，同时积极心理学对个体成长过程中的各个领域都有所涉及，包括探讨社会环境、文化环境的建设对个体心理的影响，以及教育教学模式如何潜在影响了学生的状态，力图构建以积极心理学为导向的学生心理健康教育课程体系、探讨学生积极心理品质水平与学校适应的关系等。

（四）医疗卫生领域

积极心理学与医疗卫生领域的联结取得了相应的研究成果，包含医生、患者的心理健康状态和积极心理特质等，例如对于高危产妇的产前、产后心理状况改善方面，积极心理学将理论运用于护理工作中，希望能够改善她们的不良心理状况。

综上所述，积极心理学在实践领域取得了一定成效，为心理学打开了崭新的视域，积极心理学与各个行业和领域联结，寻找个体潜能的积极源泉。

第二节 积极心理学本土化发展

积极心理学在国外的发展如火如荼，得到了广泛的应用，引入国内后进行了本土化的研究和应用。作为新兴的心理学领域，积极心理学自进入中国后，就得到了心理学家的广泛关注，为国内心理学界带来了新鲜的血液。

一、积极心理学的本土化历程

最初研究者关注国外积极心理学的发展动态，通过翻译文献资料或其他方式将积极心理学内容引入国内。

21世纪初，国内的心理学家开始将目光聚焦于积极心理学。2003年3月，南京师范大学苗元江等首先发表了关于积极心理学的论文——《积极心理学：理念与行动》，提出了积极心理学对当代心理学的影响，心理学的研究取向已经向积极部分转移，积极心理学的基础理论框架和未来的发展动向都得到了研究者的重视。在文章中作者给予积极心理学很高的评价，认为"积极心理学的理念、行动，势必将会对现代心理学产生积极的影响，从而使现代心理科学面向社会、面向未来、面向应用，并卓有成效地开辟人类通向光明、造就幸福的阳光大道"[①]。目前国内对于积极心理学的探索较为集中，包含起源、基础框架、研究的主要内容以及与其他学科的交互研究。

美国前心理学会主席马丁·塞利格曼被认为是积极心理学的创始人之一，他将积极心理学的内容进行了统整和推广。谢尔顿等指出："积极心理学是利用心理学目前已比较完善和有效的实验方法与测量手段，研究人类

---

① 苗元江,余嘉元.积极心理学:理念与行动[J].南京师大学报(社会科学版),2003(02):83.

的力量和美德等积极方面的心理学思潮。"①有学者认为积极心理学研究的主要内容是个体的美德和潜力，或者说积极心理学是研究个体的幸福、快乐的学科。国内有学者对积极心理学做出了新的诠释，认为积极心理学是一门以普通人的积极力量和美德为研究核心，致力于帮助个体获得幸福并建构美好社会的心理学学科。

二、本土积极心理学的发展趋势

作为心理学界的新鲜血液和新生力量，积极心理学在未来一定大有可为，其发展前景和发展空间受到了学者们的一致好评。许多学者对于积极心理学未来的发展趋势做出预测，认为其发展空间主要有以下几个方面：促进个体甚至人类群体的发展，发展积极心理学的研究方式和技术，开拓已有的心理学研究领域，发展积极心理学已有的领域。从另一个角度看，积极心理学的发展分为五个大方向：积极心理学引入国内后的本土化，建立行之有效的理论基础框架，与传统心理学研究领域的融合，探索新的研究方向，创新研究的方法和技术。积极心理学的中国化对于积极心理学在国内的发展有重要意义。本土化大致有以下四个思路：研究适合中国本土文化的特有的测量方式和工具，研究本土文化中个性的文化因素，验证已有结论，提出创新理论。

积极心理学发展至今，在理论和实践方面仍存在许多需要完善的地方，总结为以下几个方面：理论脱节，与早期的心理学内容不相容；研究对象待扩充；积极话语占主导地位，忽视了消极的部分；研究时间较短，缺少长程的纵向研究。综合国内目前积极心理学领域的不足和问题，我们认为主要存在于以下几个方面：多停留在理论阶段，并未进一步探讨交互作用和影响；多侧重培养学术型人才，实践性人才较少；研究视角单一；研究过程中创新较少，多介绍国外已有的结论和实验等。

总之，本土积极心理学仍处于摸索阶段，理论基础尚不扎实，实践内容处于发展的初期，可谓摸石头过河。综合来看，中国积极心理学的研究

---

① 陆彩霞,姜媛,方平.积极心理学视野下的孝道及心理机制[J].心理学探新,2019,39（02）:146.

还有很大的发展空间，受到文化背景的影响，存在跨文化差异，需要进一步探索。具体来看，未来发展趋势和空间主要有以下几个角度。

（一）开拓研究的思路和领域

心理学研究领域主要包括三个方面：首先是主观层面，个体在经历美好事物时感受到的积极情绪体验；其次是个人特征层面，个体人格中包含的积极侧面，如积极的人格特点；最后是群体层面，与他人、组织的交互作用。研究领域为未来探索指明了方向，但同时限制了研究内容。

积极心理学作为心理学界的新鲜血液包含着无限可能和潜力，积极心理学的出现弥补了研究的巨大漏洞，将传统心理学重新拉回到大众的视野，产生了更多的跨文化和跨领域研究，弥补了过去的断裂和漏洞，在此基础上，研究者需要进一步拓展思路。

随着积极心理学研究的深入和推进，对于积极心理学的认知必将产生新的变化。首先，需要打破积极心理学的定义，只有在这种情况下才能继续推进积极心理学的发展和壮大，帮助积极心理学者开拓研究思路，将积极心理学推广到更多领域。其次，需要大胆提出研究假设和研究思路，进行实验和调查。

（二）推进理论的自我更新和创新

积极心理学的理论仍有待推进。我们总结已有的积极心理学研究理论发现，国内的许多积极心理学研究大多数停留在介绍国外研究的阶段，或是将已有的研究进行推广，自我创新较少。通过观察和总结发现，研究同样存在缺乏实验研究、创新不足、实证研究较少的特点。

相对于我们较为熟悉的传统心理学，积极心理学出现较晚、发展时间较短，研究的深入度和细致程度不够。因此，这些特殊的情况都为积极心理学在国内的创新增加了困难，一定程度上打击了领域内积极心理学的研究和创新的积极性，在较短时间内取得较大的突破不太现实。另外，在积极心理学本土化的过程中，不仅要克服语言的障碍，对专业的术语和词汇进行解释和探究，同时也要考虑国内外社会环境以及文化的差异，这都是积极心理学创新困难的客观理由。但是应当积极反思，探究促进国外研究者创新的因素，为国内积极心理学的发展添砖加瓦。那么，国内积极心理学家应该如何做呢？

首先，学术规范是学术界的普遍通识，是学术创新必不可少的条件。积极心理学需要像传统心理学一样，建立得到认可的通识性原则。其次，健全完善激励、创新的学术环境，高质量的学术研究需要健全的环境，有影响力的学术研究需要鼓励创新、维护创新、保障创新的氛围。国内的院校需要努力创设一个自由、公正、大众化与精英相辅相成的学术圈子，帮助积极心理学获得进一步发展。最后，打破认知格局的限制是创新的关键。比如，思想的创新不仅仅局限于国外积极心理学已有的体系，还应加入新的学术、实践思想，对创新的思想进行建构，形成新的格局和体系、获得新的理论基础，实现理论和思想的本土化、再生产。同时，国内积极心理学不仅要提高科研水平，更要培养创新思维，为积极心理学在国内的发展提供动力。

（三）加快实证研究

积极心理学进行了许多跨学科研究，在与各个领域的融合中得到了发展，形成了很多成熟的理论。即便如此，现在已有国内积极心理学研究仍然停滞于理论阶段，缺少实验研究和实证支持，而国外积极心理学的发展是建立在实证研究的基础上的。积极心理学的发展是建立在大量的实验、调查、追踪的基础上的，实践在其中占有重要的地位。当前国内这方面的研究较少，假如只是在理论层面进行研究，很有可能造成形而上学的局面，积极心理学将停留在理论层面，有教条化的趋势，同时将限制积极心理学在国内本土化的发展。因此，加快积极心理学实验和实践研究的比例，促进积极心理学的创新，是积极心理学在国内发展的重中之重。

国内积极心理研究者对积极心理学的研究持续进行。比如华东师范大学的孟万金教授，他将积极心理学与教育领域相联系，编制了《中国中小学生积极心理品质量表》，通过量表对中小学生的积极心理品质进行测量。将积极心理学领域与其他领域融合，在英语教育中加入了积极心理学的理论，他认为每个个体都有学习的潜能，开创了国内积极心理学实践和应用的先例。

　　跨学科研究是积极心理学实践发展的总体方向。积极心理学的出现为其他学科带来了新的思路，多学科参与将刺激和推进积极心理学在国内的发展。跨学科研究使积极心理学获取更多信息，借助其他学科的研究方法和理论对积极心理学进行探索，相互借鉴、取长补短。因此，在发展的过程中推进积极心理学与实践学科的跨学科研究是未来发展的重要方向。

第三节　积极心理学的核心内容及应用

一、幸福

幸福是积极心理学研究的核心课题，如何帮助个体获得主观的幸福体验是幸福研究中的重要部分。惯常理解的幸福是一种主观的愉悦体验，个体感受到快乐，获得心流体验，处于积极的状态中，沉浸在美好的体验里。积极心理学作为一门科学，关注的是个体如何感受幸福、理解幸福，探索幸福的影响因素。作为积极取向的心理学，积极心理学关注的是如何让个体更幸福、更快乐，如何让个体在积极的层面获得进步，而不是矫治疾病。积极心理学是对传统心理学的弥补，而不是完全代替。因此，要了解传统心理学的取向：积极情绪和消极情绪，才能进一步探究与幸福相关的知识和理论。

（一）积极情绪

无论是积极情绪还是消极情绪，都有相应的研究基础。首先，研究发现积极情绪与人格特质中的开放性相关，消极情绪与人格特质中的精神质有一定的联系，它们之间的关系十分稳定。积极情绪包括的维度有专心（如专注和投入）、愉悦（如快乐、欢欣等），以及对于自我的认同程度等。个体在30岁左右，积极情绪发展逐渐趋于稳定。消极情绪在不断发展变化的过程中，在青春期左右达到顶峰。与其他个人特质相同，积极情绪与消极情绪存在个体差异，并且差异是稳定的。个体情绪的周期性、情绪的波动规律之间的差异也是稳定的，都受到遗传的影响。此外，环境对于个体的情绪也存在影响，且主要集中在积极情绪上。积极情绪对个体的婚姻和工作都会产生影响，同时婚姻与工作的体验也会影响个体的情绪，两者之间存在相互关系。积极情绪可以帮助个体获得幸福生活，而消极情绪则与多种常见的心理障碍有紧密的关系。

但这并不是说积极情绪就是好的，消极情绪就是不好的。在人类的进化过程中，每种情绪都有其各自的功能和效用，这源自个体不同的神经系统。当个体在环境中遇到危险时，会自动触发机体的回避系统，对个体的行为发出禁止的命令。消极情绪是该系统的组成部分，也是回避机制的组成部分。当出现危险和惩罚时，个体发动行为禁止系统，从而出现回避态度。积极情绪与之相反，当出现愉悦场景时，个体会触发自身的行为接近系统，积极情绪是行为接近系统的一部分，帮助个体获得更多积极的感受。

回到幸福的主题，我们的生活究竟有多幸福？为了回答这一问题，全球多位心理学专家收集了超过100万人次的问卷，不同版本、不同语言、不同人种被试的问卷，0—10分计分。10分为非常幸福，0分表示非常不幸福。平均分为6.7分，全球的个体相对而言比较幸福。幸福这一感受在个体生命中波动幅度不大，但是会随着年龄增长，在接近峰值后随着个体的衰老缓慢下降。其中3%的个体认为自己的生活非常幸福，6%的个体认为自己能够过上比较幸福的生活，还有1%的个体觉得自己的生活不幸福。

对幸福的探索中发现，将抽象的幸福具体化、对幸福进行评价是研究幸福的基础。目前现存的调查大部分仅设置单独某一问题来评价幸福。主要是通过提问的方式对幸福进行量化，比如："你对自己的生活满意吗？""你过得好吗？""你幸福吗？"等。还有的问卷包括两道题目：

（1）总体上说你觉得自己有多幸福或多不幸福？

（10分代表狂喜、欢欣、兴高采烈，0分代表绝望、消沉）；

（2）平均而言，有百分之几的时间你觉得幸福（或者不幸福、情绪中立）？[①]

进化过程中出现的情绪都有其生存的价值和意义，当面临危险时，消极情绪成为个体的第一道防线，比如愤怒和恐惧等。情绪会提醒个体周围存在的风险，并提醒个体做好逃离或者战斗的准备。塞利格曼发现，个体在零和博弈中的表现可以为我们判断个体的积极情绪和消极情绪提供依据。

---

① 卡尔.积极心理学：关于人类幸福和力量的科学[M].郑雪，等译校.北京：中国轻工业出版社，2008：205.

在游戏中,个体是选择零收益还是非零收益,都展现出了个体的情绪特点。在这一游戏中,只有输和赢两种结果,一方输的比例刚好是另一方赢的比例,因此在这个系统中没有出现新的收益。积极情绪能够带我们进入更广阔的世界,对于环境有清晰的认识,好事即将发生。这种状态为我们开拓世界、改变环境、创造价值提供了有利的条件。因此,积极情绪可以让两者都获得新的收益,都能够比过去有更多收获。在社会快速发展的今天,双赢才是硬道理,积极情绪在这个过程中扮演着不可或缺的作用。

从以上分析可以看出,负面情绪的目的是识别危险、消除错误,促使个体将注意力集中在防御性思维和决策上;积极情绪促使个体产生具有创造性的和更宽容的思维。一方面,处于任务状态的个体对个人技能有更准确的评估,对正面、负面事件都有更精准的记忆,并且对风险信息更敏感;另一方面,快乐的个体更容易高估自己的能力,记住更多的积极事件,所以他们更擅长制订人生计划。

积极情绪能够帮助个体获得更丰富的资源。对于安全感较强的个体来说,更容易灵活处事并且坚持不懈,在解决问题时会考虑更多的方式方法和资源条件。与此同时,有安全感的个体表现出更多的探索欲望,学习速度更快。这种差异在成年人中同样存在,有安全感的成人对于新鲜事物有更多的包容性。积极情绪与个体应对方式之间存在相关关系,积极情绪推动更多应对方式的发展,更多的应对方式推动积极情绪的进步,两者互相促进。广泛的思维运动反应需要灵活的应对方式。假如将当下情绪不好的个体分为两组,其中一半个体观看能够引发积极情绪反应的视频,另一半个体观看能够引发消极情绪的视频,前者的心血管机能出现了显著的上升,上升水平明显高于后者。这表明个体利用积极情绪应对紧张情境的能力存在个体差异,自我恢复较快的个体在经历紧张的情境后心血管复原得更快。因此,积极情绪能够帮助个体更快地适应环境、发挥创造性。幸福的感受能够帮助个体明确工作动机,提高工作效率。幸福的人在工作中会获得更多的效益和正反馈。

幸福甚至可以对个体的寿命产生影响,幸福的人更长寿。在一项对未婚女教师的调查中发现,她们的幸福指数与寿命呈正相关,感到幸福的个体能活得更长久。另外一项研究还发现,对自己外貌越满意、越乐观的人,寿命越长，四十年后乐观者比悲观者寿命长百分之十九。

（二）幸福的影响因素

幸福的人和不幸福的人，人格结构差异巨大。幸福的个体，其人格特征是外向、内控、高自尊的。相比之下，不太幸福的个体，其人格结构中精神质得分较高。智商与个体的幸福水平不相关。

为什么人格特质中的外向型会影响到个体的幸福呢？外向型的个体在社交环境中能够表现出更多的宜人性，在社会活动中更舒适，能获得更多的正反馈。同样面对积极事件，外向型个体有更多的幸福感受。另外，不同人格特质的个体对于事件的认知存在差异，精神质和宜人性较高的个体，对于积极事件和消极事件有不同的看法。外向型的个体，面对相同的事件更有可能获得幸福和积极的感受。

另外，文化差异对于个体的幸福存在巨大的影响。由于文化将对幸福进行定义，不同文化影响下的人格特质对幸福的影响不同，原因可能是人格特质会帮助达成相应文化认可的目标。

人格特质很大程度上受到遗传的影响。因此，对幸福有影响的人格特质，与个体的遗传情况密切相关。大五人格特质发现，人格特质百分之五十的变异可以归为遗传。遗传影响人格特质的过程十分复杂，是多角度、多因子共同影响。

遗传对个体的幸福感有重要的影响，同时文化环境对个体幸福有重要的调节作用。文化决定幸福的定义，但个体可以发挥主观能动性，主动发展、改善、适应环境，使得自我能够在愉悦和欢快的环境中生存，体验到幸福感。

社会文化中的政治文化因素对个人的主观幸福有重要的影响。许多的跨文化研究发现，主观幸福感与社会的稳定程度显著相关。同时，公正的环境非常重要，让个体感受到自己的努力有回报，在个人主义文化背景下，个体会感受到更多的幸福。政府机构的重要决策、规划和部署，也对个体的幸福感产生重要的影响，高福利的国家，政府运转高效、民众关系舒适，个体的幸福感较强。

个体一生体验到的主观幸福感是相对稳定的，不会发生巨大的波折。

想要寻找属于自己的幸福生活，就必须意识到，人类进化过程中哪些部分可以带给我们幸福，主观上可以控制的部分是什么。找到要点，更能体验到幸福的情境。

没有人是孤岛，在生活中建立必要的人际关系是我们每天都要面对的课题。在人际关系中，与家人、朋友等个体的亲密关系，都与个人的幸福感息息相关。

处于圆满婚姻状态中的个体，相比于离异的个体，能感受到更多生活中的幸福。但是处于不幸婚姻中无法离开的个体，其幸福感显著降低，且男女没有显著的差异。我们可以换一个角度进行解释，婚姻为个体带来的各种情感体验让个体得到了更多的幸福；或者说，容易感受到幸福的个体比不容易感受到幸福的个体更容易进入婚姻并从中获得更多的幸福体验。婚姻为个体提供了更多亲密感，两个个体组建家庭，分别扮演不同的社会角色和家庭角色，建立了彼此的自我认同，养育后代。容易感受到幸福的个体，更能走入婚姻共同获得幸福。

家庭成员之间的相互支持和鼓励显得尤为重要。家庭中的每一个成员都获得相应的力量，在社会中更好地发展，这种社会支持让群体中的人感受到被爱和支持。从人类进化的角度来看，人类一直是群居动物，个体如果能够相互帮助，会大大提升个体存活的概率，并获得更好的发展。那么我们应该如何做呢？首先，家族中的个体之间能够相互保持联系。这种联系既包含每日、每月的短期计划，同时包括生活方式、生活规划等日常或常规计划。在个体离开家庭后，有电话、网络等方式与家人保持联系。这不仅增加了大家族成员间的沟通和交流，维系了感情，同时还增加了成员间的相互支持，获得幸福感受。和谐的家庭关系可以有效地降低社会中发生暴力、虐待等恶性事件的概率。

与信任的朋友或是他人建立亲密关系，可以让个体感受到更多的幸福。在学校中最幸福的学生，是有着充实的社会交际活动的学生，他们与其他学生不同的地方就在于，花费更多的时间与生活中的他人相处。在自我评价和他人评价中，他们都被评为更善于交流和沟通的人，更能够获得朋友的支持并保持关系。首先，马斯洛的需要层次理论认为，我们每个个体都有归属的需要，因此在与其他人社交的过程中，可以满足归属感的需要，这是让人感受到幸福的一个重要原因；另外，容易感受到幸福的个体更容易获得友谊。与幸福的人做朋友更容易收获愉悦的情感。

生活中，我们还有一种关系称之为"熟人"。这种关系既不像家人一样有血缘关系，也不像朋友一样亲密到密不可分。与熟人合作也是幸福的重要方式，还可以避免很多的麻烦。为了获得幸福，个体应该增加生活中熟人的比例，并且学会与熟人合作，形成双赢，共同达成目标。在处理人际关系时，需要让他人在互动中了解彼此关系是可持续发展的，彼此的关系在未来能够长久、持续地为双方带来共赢。在这种情况下，双方都会更乐意参与这段关系，更乐意保持友谊，都应该保证自己做出有利于大局的行为，如果对方愿意给予，个体应该怀抱感恩的心，回馈对方，构建稳固的关系。个体可以暗示自己，我们需要和熟悉的人长时间共处，这样的关系会为自己带来更多的优势。在这样的自我暗示下，个体会更加乐意参与到与熟人的合作中去。

经济状况是影响幸福感的重要因素。拥有多少财富决定着我们能够支付得起多少生活必需品，但是这并不意味着拥有更多的财富就更幸福。拥有良好的物质生存条件只能是在一定程度上影响个体的幸福感，除此以外，自然环境等也会对个体的幸福体验产生影响。

自然环境是幸福的重要影响因素之一。美好的自然环境能够引发个体强烈的正向感受，但是有趣的是，人工环境却没有这一特点。当个体处于一个安全又舒适的环境中时，更容易产生正向的情绪。比如，阳光明媚、天气温暖，人们会出现更多的正向情绪，在生活和工作中体现出更多的积极体验。

运动可以使我们的大脑分泌多巴胺，让个体产生快乐的感受，因此体育锻炼可以为个体带来主观幸福感，但是两者之间的相关关系却并不十分清晰。个体对自己的身体状况有主观的评估，这一评估会对个体体验到的生活满意度产生影响。医生给予个体的评价并不会真正影响个体的幸福感。个体对于自己健康的评价与个体的人格特质有紧密的联系，人格特质对于评估的影响要远远高于身体实际情况对于评估的影响。神经质的个体常常怀疑自己的身体出现了问题，甚至怀疑自己即将面对死亡。相反，当个体对于自己健康状况的主观评估非常好时，即使出现了不太好的医学诊断，也不会影响个体的主观幸福感。这意味着个体积极的心态会对病情产生正向的影响，比如控制良好的癌症病人，主观的幸福感可以通过提高个体身体的免疫力来影响个体的身体状况。对于生活和工作幸福感更高的个体，将有更强的抵抗力和免疫力。

短时间的运动可以让个体感受到积极的正向情绪状态，而长期坚持下来的运动则使个体有更强的主观幸福感。短时间的运动使个体的大脑产生内酚酞、多巴胺等多种使个体体验到幸福感的激素，而长期的锻炼可以使个体的幸福感得到保持，并且缓解日常生活和工作带来的焦虑和抑郁情绪，提高免疫力，促进身体健康，发掘个体潜能，提高生活和工作中的幸福感。如果个体能够在一生中保持有规律、持续不断的运动，那么个体罹患心血管疾病的概率将大大降低，有助于延年益寿。

工作中的状态会对个体的幸福感产生重要的影响。工作是个体生活中的重要部分。首先，有工作的人相对于没有工作的人来说体验到了更多的幸福感，拥有专业技术的工作人员能体会到更多的主观幸福感。假如个体对于自己的工作感到满意，那么个体将在工作中获得充足的能量。个体更喜欢在舒适的环境中工作，假如这份工作使得个体能够获得匹配的社会角色，并且拥有一定的自主权，对工作有一定的掌控权，那么个体能够获得更多的主观幸福感。从这个角度来看，个体在选择职业时，如果想在职业中获得更多的主观幸福感，需要在择业时考虑寻找与个人特质和兴趣爱好相匹配的工作，这样的工作能够激发个体的内在动机，获得清晰的角色定位。幸福感与工作效率相辅相成，幸福的感受使得个体工作效率更高，而更高的工作效率使得个体更加幸福。

当个体在完成某个任务时，能够完成任务并且达成目标的个体将获得更多的主观幸福体验。对于目标的定义并不十分清晰，是因为不同人格特质的人所追求的目标并不一致。对于外向型的个体来说，得到情绪上的体验，如兴奋、愉悦等感受时会感到更加幸福；而相对内向型的个体，在完成能够使自己获得满足感的目标时，幸福感更强。如果个体能够明确自己的目标，并且努力达成目标，可以获得更高的幸福体验。因此，在发展的过程当中需要常常反思，对于自己的人生目标进行清晰的定位，建构适合自己的生活架构，安排好个人时间，完成每天追求的目标和工作量，获得一定的满足感和幸福体验。

除了以上提及的各项因素对幸福感的影响外，个体在空闲时间的休闲方式也对幸福有一定的影响。相对来说，这些因素对于主观幸福感的影响时间短、波动小。个体在休假的过程中，会得到更多的主观幸福感、更少的焦虑和抑郁情绪。参加各种娱乐活动，可以为个体带来更多的主观幸福感。以此类推，我们也发现，加入一些娱乐放松的组织，可以帮助个体获得更多的幸福感。总之，个体的幸福感受到许多因素的影响，最重要的是找到适合自己的获得幸福的途径。

二、沉浸体验

当个体刚刚进入新的领域并从事新的挑战性工作时，假如个体对于该项工作有一定的掌控能力，将会激发个体的内在动机，同时个体将经历一种美好的内在感受——沉浸体验。

沉浸体验也称作"心流"。在这一领域，有两大理论基础需要进一步分析理解：内在动机理论、逆转理论。当个体接触新的领域和新的任务时，有可能进入两种状态：兴奋或者焦虑。在不同状态下，个体将采用不同的思维方式和手段，如"手段—目的思维方式""活动取向思维方式"，两者之间能否发生转换很重要。

（一）内在动机

个体采用不同的动机驱动自身进行活动会有不同的思维方法。假如是出于对事物本身的喜爱，个体在做这件事时，能够产生自发的驱动力，属于内在动机；当个体是出于可以赚钱、生存、娱乐等原因而完成一件事时，那么从事这件事的动机就属于外在动机。个体只有在认为自己的行为是自主选择与控制的结果时，才会形成内在动机；若是由于外在力量的控制，如物质奖励，个体的自主控制感会减弱，内在动机也随之降低[①]。自我决定理论是在内在动机和外在动机的基础上被提出的，自我决定理论认为内在

---

① 董念念,王雪莉.有志者,事竟成:内在动机倾向、创意质量与创意实施[J].心理学报,2020,52(06):801-803.

动机是个体自觉、自发地对新事物、新领域的探索，个体将在新的领域探索新的技能和知识，尝试新的体验。当个体发展的需求（包含能力的发展、交往的发展等）能够得到满足时，就会产生内在动机。相反，当这些需求得不到满足时，将很难产生内在动机。这个过程的发生与每个个体的人格特质是相关的，不同个体的内在需求不同，其中内在动机也有差异。

相比于外在动机驱动的行为，内在动机驱动的行为效果更好。个体由于浓厚的兴趣从内而外散发出的自信将促进个体更好地发挥，会有出类拔萃的表现。同时，个体的持久性和表现力更好，在从事这件事时内在的自尊更高，当然伴随着更高的主观幸福感。当个体在完成任务过程中有更多的自我决定权时，内在动机会显著提升，更容易得到正反馈。正反馈可以让个体的头脑更清醒，对问题更敏感。

负反馈包括惩罚、带有压迫意味的评价以及可能面对的危险等，这会大大降低个体的内在动机。但是，例如当个体本身存在很高的内在动机时，如果此时给予对方奖励或者报酬，个体的内在动机会大大降低，这个结果令人出乎意料——无论是积极的奖励还是消极的反馈，都会降低个体的内在动机。因为无论是哪种反馈，都会大大降低个体自我控制的感觉，并且造成个体的外部归因，认为是由于外在部分导致的成功。也就是说，个体会认为自己的行为并非是自觉、自愿、自发的，而是受制于人的。

个体的内在动机会随着个体的成长发生变化。在个体年轻时，常常经历一些并不是由自己的内在动机驱动的事件，包含外部的卷入和内化部分。在个体成长中，个体将外部学习到的经验和知识内化，发展个体的统整性，逐渐发挥行动的自主性。与此同时，个体学习和吸收的能力、速度都会提高。马斯洛的需要层次理论给我们提供了思路，个体在发展过程中需要满足胜任、社交和自主需求，努力达到让生活中的重要他人满意的程度。个体的需要与个体所处环境中的社会规则、家庭规则有关，并且潜移默化地对个体的价值观产生影响。刚刚出生的婴儿也会学习和掌握规则并运用它。

儿童成长的过程中，如果与他人交往并满足了归属感的需求，个体会感受到更高的安全感，同时会发展出更好的内在动机。对父母表现出安全型依恋的婴幼儿会在内在动机的驱使下表现出更多的探索行为。

儿童时期，父母使用支持型而非控制型的教养风格有助于培养孩子的内在动机。在对儿童或青少年教养的过程中，如果父母能够为儿童或青少年提供适合其年龄特征的活动，在一定程度上满足个体的成长和发展需求，那么儿童或青少年将在成长过程中形成统整的自体。相反，假如教养者为个体提供的任务并不符合儿童或青少年的年龄特征，尤其是任务超出了他们所处的年龄阶段，那么个体在完成任务时极有可能使用外部动机。同样，学校里的老师使用支持型而非惩罚型的教学方式，将有助于提高学生的内在动机。

（二）个人品质

我们认为个人品质是每个个体个性特征中十分重要的部分，常常与美德共同出现，可以通过观察个体的行为和价值观来判断一个个体的个人品质。在个体的价值体系中，个体的品质与个体的美德有一定的差异，哲学家常常认为，美德是一个人的核心价值观，如勇气、智慧；而品质是上位的部分，个人的品质可以使得个体获得美德，并表现在行为中。个人品质与沉浸体验之间有相关关系。

1.美德

最普遍的定义认为，美德包含个体的六种特质，分别是智慧、勇气、仁慈、正义、节制和卓越。古希腊神话和古代哲学家的作品当中，常常用以上六个词语来表示个体拥有积极的价值观，并且描述他们的美好行为。智慧是个体通过知识和经验解决生存中遇到的困境；在面对矛盾时，坚持立场，明确目标，永不放弃地达成目标，这是个体拥有勇气的表现；在与他人交往的过程中，体谅他人，开展积极的人际沟通是为仁慈；在团体中能够明辨是非，坚持立场是为正义；在与人相处、独处的过程中，能够保持警惕和冷静，谨慎面对情境是为节制；在群体中，能够主动融入群体，发挥自己的优势，是为卓越。以上的美德是在众多的研究和文化中提取出来的，并且得到了广泛的认可。在人类进化中可以找到证据，当面对困境时，拥有美德的个体更容易摆脱困境。美德是个体良好性格特征的重要基础，好性格需要拥有美德。

2.性格品质

良好的个人性格品质是个体拥有美德的基础。良好积极的性格品质包含以下几个特征：符合社会的基本道德标准，能够得到社会和公众的认可；不贬损其他个体；学习社会角色中榜样身上的优质品质；杰出成就者能够成功和拥有杰出的品质①。除此之外，判断一个特质是否是性格品质，可以根据该特征的反面是否是积极特质来判断。举例来说，灵活性的相反特质为坚定性，从生活中来看，两者都可以是生活中的积极品质。因此，我们不能将灵活性归纳到性格品质当中。另外，与每一种美德相关的积极个人特质都有类似的部分。假若某一个体拥有某一美德，那么他一定会拥有与该美德相关的一种或者几种性格特质。比如，好奇、大局观、足够冷静、判断能力、创造力、喜欢新鲜事物、高情商、能够理解感受生活、灵活掌握并运用知识的能力等，这些与智慧这一美德相关。勇气包含拥有良好的人际关系、坚持不懈、勇敢、坚韧等个性特征。与他人能够友好相处并关系密切、拥有同理心和同情心、善良、能够爱自己同时爱他人，这些特质与仁慈这一美德相关。在团体中，能够与他人合作、能够领导或者被领导、营造公平的环境等与正义有关。保持自律和延迟满足、谦虚不自满，是节制的典型特征。卓越的范围更广，所有能够使得个体在群体中保持杰出和出类拔萃的特质都属于卓越的范畴。

3.促成条件

此处描述的促成条件是一种情境，在该情境下个体可以表现出相应的积极个人特质，促成生命中美德的形成。广义上来说，促成条件包含个体在生存过程中所需求的各种环境，如学校、家庭、社区、社会等。拥有教育资源和就业机会，能够使个体更好地生存于社会当中。个体生活在充满安全感和爱的家庭和社区中，会发展得更好。在生活中拥有能够依赖和信任的他人、一个充满民主和正义的社区文化、美好又舒适的生存条件（包括物理条件和自然条件），都是个体美好品德和个人特征的积极促成条件。

4.个人品质和幸福感

由于遗传和环境因素的影响，每个个体都拥有独特的个人品质。每个人拥有的个人特质都有积极和消极两部分，假如个体能够在生活中、人际交往中更多地使用积极的个人品质，将获得更多的正向反馈，同时收获更

---

① 钱曼君,邹泓,肖晓滢.创造型青少年学生个性特征的研究[J].心理科学通讯,1988
(03):46-48.

多的主观幸福感。这具体表现为：在与他人交往的过程中更多地帮助别人，换位思考，收获友谊，获得幸福感；专心做事，沉浸其中，体会到心流带来的主观幸福感。

（三）获得沉浸体验

当个体进入新的领域，需要从事某项任务或需要个体探索并掌握相应的技巧时，个体会产生内部动机并进入"沉浸"体验中。在日常生活中，个体在阅读、观看电影、记录文字、聊天、社交等过程中，都会感受到沉浸体验。出现沉浸体验时，个体能够感受到自我完全沉浸于任务中，在完成任务后获得积极的体验，如感受到自我更强了，并且在任务中有所收获。在沉浸体验中，个体对时间的把握有偏差，有时感受到时间过得很快，而在任务当中遇到困难时，一分钟又像一个小时那样漫长。

1.如何获得沉浸体验

沉浸体验能够带给个体美好的主观感受，假如个体希望体会到这种感受，必须明确进入沉浸体验的准备。首先，明确目标，了解自己的目的；其次，拥有即刻的正反馈，以及恰到好处的时机。同时满足以上条件，个体才能够全神贯注地沉浸在任务当中，不会被其他事件干扰。

容易引发沉浸体验的活动被称为"自主活动"，自主活动强调"自主"。英文中的"自主"一词来自希腊文的"自我"和"目的"，意思是个体在完成自主活动时，其主观积极体验来自活动本身，而不是为了达到其他的相关利益和目的，活动本身所具有的特质可以激发个体内在的动机，使个体得到即时的反应、反馈和回报。

值得思考的是，能够为个体带来积极沉浸体验的自主活动需要个体在完成任务时运用一定的技能，而不是完全重复性地工作和思考，并且个体需要相信自己可以发挥主观能动性，能够在能力范围之内完成这件事情。比如个体在完成一局游戏、写完一篇文章或完成一幅画作，这些任务既需要个体有较高的技能，也需要该项任务存在一定的难度。假如一项任务并不存在难度，也不需要技能，那么个体在该项任务当中往往不会产生太多感受。面对难度较高，但自身掌握技能不够的任务时，个体往往会产生焦虑的感受，并且不能积极地完成该项任务。

2.明确的目的与即时的反馈

能够引发个体积极的沉浸体验的任务需要有明确的目的和即时的反馈。明确的目的是指个体在完成任务的过程当中，需要时刻提醒自己在此项任务当中要达成的目的。即时的反馈是指个体在完成任务的过程当中，能够通过反馈明确自己的行为和动作是否对达成目的有帮助。如在体育赛事中，个体明确自己的目的是得分高于对手，并且在比赛过程中能够明确什么行为是可以得分并且能赢得胜利的。

3.全神贯注与忘我

什么样的任务可以帮助个体获得积极的沉浸体验呢？是个体能够保持全神贯注的任务。在完成任务的过程中通过进一步帮助个体明确目的，并对其行为给予即时的正向反馈，个体就会保持全神贯注，达到忘我的状态。个体一旦达到这种状态就会完全沉浸在任务中，就像是画家成了画笔，歌唱者成了歌词。这种状态自然会帮助个体高效完成任务、取得成就，感受自我力量，从而进一步获得主观幸福感。

4.沉浸体验的影响因素

社会文化对于个人的生活目标有一定的影响，社会文化和规范对于生活中发生的事件是否合理具有指向性。在社会文化中，如果个体的行为、目的、过程、规范与个体所拥有的能力相符合，个体将获得更多沉浸体验的机会。在稳定的大环境中，个体将拥有更丰富的视野、更好的教育和工作环境、更好的经济基础，同时拥有更多获得沉浸体验的机会。一般情况下，选择拥有一定难度、一定相应技巧的工作，从事创造性工作的个体更容易感受到沉浸体验。

亲子关系对于青少年能够获得多少沉浸体验有相应的影响。当父母可以在青少年进行沉浸任务的过程中给予明确的目标和即时的反馈时，青少年会拥有更多的沉浸体验，获得更快的成长。父母能够尊重青少年当下的发展状况，并了解青少年的特质和独有的兴趣，而不是仅仅关注青少年的行为能够带来何种结果，并且给予他们能够自主选择和自主体验的机会，让青少年完成自主动机所引发的任务，能够保护他们的安全。这样的父母有更多的机会能够帮助青少年获得更多的沉浸体验和幸福感。

运动对于个体获得沉浸体验同样存在影响。运动可以帮助个体获得丰富的沉浸体验，比如跑步、游泳、球类运动、散步等。首先，个体在运动前为自己设立明确的目标，将大目标分解为小目标，通过分解的方式完成大目标。其次，在完成目标的过程中，选择自己适合并且喜爱的方式，对于目标的完成度进行测量，给予自己任务完成度即时反馈。最后，尽量将注意力集中于完成任务的过程，不受其他事物的干扰和影响。

三、希望和乐观

弗洛伊德在《幻想的未来》中对个体的攻击、性等状态进行了抽象描述，他认为，如果个体能够控制这两种本能，将会得到神明的保佑。这种描述本身就是一种"乐观化"的表现。这种信念本质上是希望个体在社会中保持理性和文明，获得进一步发展。但是假若个体不能控制自己的性本能和攻击本能，社会将会混乱不堪。精神分析流派认为，帮助个体感受到自己的本能，发掘真实的自我，是个体成长的最终目标。

乐观个体的思维过程是以乐观为主导的，乐观个体能够通过乐观的方式解释和面对自己的生活，在回忆过去的过程中，使用更多的积极乐观的词汇描述以往经历，同时在评价自我和他人时，对于自己的评价更加积极。在人类进化的过程中，乐观的思维方式具有重要的意义，它是个体能够继续面对未来生活的重要基础。乐观的个体，相信未来的生活一定会出现转机，对于未来的生活更有信心和勇气。

积极心理学，对于个体为什么要积极面对和认识世界以及个体如何积极面对和认识世界，展开了研究和探索。

（一）积极幻想

积极幻想是个体乐观面对生活的方式之一。普通人尤其是身心健康的个体，大都采用积极乐观的方式解释和面对自己的生活。正是由于思维方式的偏好，人类种群的思维显著区别于其他的物种。人类积极思维方式的特点促进了人类种群的进化，人类种群可以使用乐观和积极的态度思考世界和未来。个体如何更加积极地面对生活呢？主要有以下几种途径。

首先，提高对过去和过去自我的评价，即通过更好地评价过去和过去的自我获得更乐观的心态。

其次，个体对自身的能力有些不着边际的幻想，认为自己可以达成能力之外的成就，坚信自己可以使事物发展得更好，对出现不好的事情做外归因。

最后，个体一直相信未来的生活将会发生好的事情，一定会比当下更好，即个体相信在未来的生活中，发生好事比发生坏事的概率高。这些积极的幻想在人类种群中一直存在，只是绝大部分个体都不会意识到这种幻想，也无法辨认和反思。

（二）自我欺骗

为了保持乐观的积极幻想，摒弃负面悲观的想法，个体在思维过程当中会运用大量的防御机制和欺骗方式，面对生活当中避之不及的负面事件。比如面对一些消极的信息：自己是一个平凡又普通的人，并没有超凡独特的地方；面对世界和环境的变化，我们能做的其实十分有限，何况有时我们对于自身的情绪和思维不能完全掌控；生命的流逝一直在发生，每个个体都在衰老。绝大部分个体采用防御和幻想的方式来抵御。

（三）压抑和否认

在大量的防御方式当中，个体最为常用的两种防御方式是压抑和否认。通过这两种防御方式，个体能更积极地面对世界。压抑是指面对个体无法接受和处理的内心思维和想法，大脑将其压抑在意识层面之下。否认是指面对消极的事件和外部压力时，个体采用不承认的方式面对。压抑和否认属于较为低级的防御方式，有时会对个体的行为方式产生一定的负面影响，扭曲现实，出现思维和身体背离的不良结果。

对比来看，相对于压抑和否认，自我欺骗是更高级的防御方式。自我欺骗使得个体出现有关自我和世界的负面信息，但是采取一定方式保持乐观的心态和看法。相比之下，积极幻想的适应性更好，使得个体采用最积极的假设对现实进行解释。积极幻想涉及选择性注意、良性遗忘、容忍能力不足和消极自我图式等认知加工过程。

在面对消极现实时，个体相信自己在该现实状态下确实存在能力不足的情况，接受自己是普通和平常的个体，以此来应对消极的信息。比如个体在某一学科并不擅长，但与此同时，个体相信自己是聪明的，而该学科只是智商的某一领域，自己仍然拥有积极的特点。个体并不采用能力不足的角度评价自我价值，从而保持自尊水平。

（四）乐观

对于乐观有着迥然不同的定义，测量方法差距巨大。一种理论认为，乐观是一种人格特质，另一种理论认为乐观是一种思维方式，即理论上乐观的本质分为气质性乐观和解释风格乐观。

气质性乐观认为个体的性格特征中涵盖乐观的成分，个体总认为未来将会出现更好的发展，好事发生的概率高于坏事发生的概率。遇到困境时，气质性乐观的个体会坚持自己的目标，采用积极策略，调整情绪和身体状态，坚持不懈地达成目的。

解释风格理论认为，乐观与气质类型无关，是个体思维方式，是对生活和自身解释的风格。解释风格乐观的个体能够将接收到的消极信息做外归因处理，把不好的结果归因于环境、突发事件等。解释风格悲观的个体对发生的消极事件做内归因处理，认为发生的不好的事情是由于个人的失败。在学校面对考试失败的结果时，解释风格乐观的青少年认为原因是环境干扰或是自己状态不好，解释风格悲观的青少年认为原因是自己愚笨。

1.乐观的发展

乐观有一定的发生发展规律，青少年乐观的发展受到家庭、父母教养方式、父母心理健康水平、父母期待、父母对于乐观的态度等许多因素的影响。乐观的青少年一般来自父母身心健康的家庭，如果父母能够保持乐观的状态，青少年将受到潜移默化的影响，学习到如何将个人的成功进行内归因，将生活中出现的失败和沮丧进行外归因，最终获得乐观的解释风格。生活中一定会出现挫折，重要的是个体如何去面对挫折。如果个体的家庭经历过重大的波折，如破产、自然灾害等，而家人有能力从灾难中走出来并鼓励自己的家人学会用乐观的态度面对，解释生活中的磨难，青少年将会从中学会乐观，并强化自己的乐观和坚韧。悲观的个体可能拥有悲观的父母，他们常常将孩子的失败归因于孩子的无能，将失败归因于内部、普遍的因素，这种情况下孩子更容易采用悲观的解释风格，发展为悲观主义者。同时，生活环境的原因，个体的解释风格将会被强化，直到出现转机。

面对长期慢性的生活压力，比如家庭的困境等，解释风格乐观的个体更能积极面对生活和学习，很少出现心理或者身体的疾病，而解释风格悲观的个体则相反，他们更容易出现抑郁和悲伤的情绪。如果此时个体能够在社交的过程中寻找到良好的社会支持系统，可能会好转。

2.归因重组

悲观的解释风格不是一成不变的，悲观的个体可以通过转变解释风格的方式成长为乐观的解释者。研究发现，完成这一转变需要几个步骤。参与者遇到事件时，分析面对的情境，并理清思路、修正信念，获得更乐观的主观感受。首先，个体需要了解在面对消极事件时的情绪变化，在情绪波动的过程中，学会控制情绪。学会使用情绪ABC理论，分析消极情境中的事件、个人信念以及产生的结果。

A.事件——多年的好友越来越少联系我；

B.信念——他已经对我产生了厌倦，不再爱我，我是不好的；

C.结果——因为我的差劲，因此我的心情不好，有抑郁情绪。

消极的解释风格是产生不好情绪的根本原因，而想要拥有良好的情绪需要积极的解释风格作为基础。悲观情绪者更容易将失败归因于稳定、普遍的内部因素，而乐观主义者将失败归因为暂时的特殊因素。个体可以使用转移、辩论和远离的方式，获得情绪ABC理论的核心实践方式。

个体通过完成其他的事务转移自己的注意力，停止内心对话，中止悲观解释，转移悲观的情绪，这种方式被称为转移。常用的方式有：经常对自己说出"停"；用皮筋弹自己的手；在纸上写个大大的"停"字，告诉自己停止消极的分析和解释；将注意力集中在外部的事情上，过一段时间后再思考。转移实际上是停止负性的思考。

远离是通过对话的方式告诉自己，对于不幸的解释仅仅是一种可能，并不是全部事实。站在更高的位置看待这件事，通过远观了解到这只是一时的信念而不是全部的事实，远离为辩论提供了基础。

辩论一般是两个人进行的活动，在这里的辩论是指个体与自己内心的对话，在事件发生后为不幸的事件找到另一个思考的角度，提供乐观的解释方式，主要包含事实依据、其他现实、意义以及作用四个部分。

事实依据——这种悲观的事实依据是什么？它是真实存在的吗？

其他现实——是否可能有其他的原因导致了这个结果？并且更加乐观，能让你感觉好一些？是否有外界的原因和暂时的情况导致了这个事实？

意义——如果以上的答案是否定的，那么这个事件的出现对我们有什么帮助吗？这件事对我们产生的影响是长期不可改变的吗？

作用——如果我们不能进行准确的判断，那么哪种解释将帮助我们达成最终的目标？

情绪ABC理论与远离、转移和辩论并称为ABCDE理论。A指的是生活事件，B代表主观的信念和观点，C是事件发生后根据个人的信念思考产生的结果，D是指辩论方式，E代表通过这个过程最终达成的效果。

仅仅意识到消极的事件、信念和情境是不够的，如果希望获得积极的思考方式，首先需要与悲观的思考方式辩论，找到乐观信念，获得积极情绪。

A.生活事件——最好的朋友有一段事件不与我联系了。

B.信念和观点——我的朋友不再在乎我，他不再爱我，我是令人讨厌的。

C.结果——我产生不好的情绪，影响到了我的正常生活。

D.辩论——与自己消极的观点进行辩论，去寻找证据正性的证据。比如，在过去的一年中，我们经常见面。当下他是不是遇到了特殊的事情？遇到了什么麻烦？他在处理什么特殊的事件？也可能面临某个麻烦。即使他不再在乎我，我们将要失去这份友谊，我还会有其他的朋友，生活也会继续；他并不是因为我不好才不联系我，而是因为其他的原因，这并不是说明我不够好。

E.效果——通过这个过程，我与自己消极的观念进行了辩论，感受到不好的情绪消退了一些，心情变得更加愉悦了。

我们可以与朋友共同练习，互相考察辩论的方式，相互倾诉遇到的消极情境。在过程中展示负向的解释方式和信念，通过互相辩论，消除消极信念的依据，探索其他的思考方式。消极的思考方式看上去更有说服力，尝试观察它的真实性。

另外，有效的实践途径是乐观训练程序。这种训练与前者相似，也是一种对于个体归因方式的训练，试图帮助个体找到乐观解释的方式，对抗抑郁的情绪和状态。受到认可的训练程序时间为十二个星期，基本程序包括根据过去的状态分析行为和情绪变化的原因。观察在发生事件后的归因方式主要有几个归因维度：内部因素还是外部因素？特殊情况还是普遍的原因？暂时的情境还是稳定的状态？通过这几个维度对信念进行分析，找到情绪变化的其他几个可能的解释与悲观思维进行辩论。我们可以将在训练中学习到的技能应用到生活中去，处理生活、工作、人际交往中遇到的各种情绪，克服信心不足的特殊情况。

（五）希望

希望与幸福密切相关。希望包含两个部分，第一部分是能力，将影响个体达成目标的路径；第二部分是动机，影响进程，希望是两部分的总和。依据希望理论，当个体面对有一定难度同时拥有克服困难的能力，并相信自己可以胜任任务时，个体完成任务的希望是最强的。当我们不确认目标是否能够达成时，则感觉希望渺茫，动机也较弱。情绪是目标达成过程中产生的副产品。

如何才能在完成任务的过程中充满希望并保持充足的动力呢？拥有保持希望、定向努力的行为主要与三个因素相关：

第一，对于将要达成的结果进行个人化的评价；

第二，对于所有可能的方式进行评估，并根据目标选择路径；

第三，对于自己为什么从事这件事以及这件事可能产生的效果进行思考。

思考以上三个问题时，常常从下面两个部分吸取经验：

第一，过去从事此类活动是否有相关的经验，产生了什么样的结果？

第二，对自我进行思考，自我是否能够实现此类目标。

1.希望疗法

希望疗法以希望理论为基础，自CBT疗法、陈述性疗法等中吸取了相关的理论。希望疗法的核心理论认为，个体需要拥有明确的目标，发挥主观能动性寻找达成目标的方式方法，激励自己实现目标并扫除实现目标过程中的障碍。通过希望疗法和归因训练，个体可以学会如何解决问题。相对来说，乐观的状态和积极的归因方式、充满希望的想法可以帮助个体积极面对生活中的困难。

2.乐观、希望和健康

拥有乐观解释风格的个体更可能充满希望。如果个体能够保持积极和乐观，更可能处于身心健康的状态下。我们可以通过以下几个指标对健康水平进行判断和估计：身心状态自我报告；个体的主观幸福感；是否能够用灵活有效的方式面对生活中的突发事件；对医疗方案的接纳程度；是否有提升个人身体健康的方式方法；是否有积极的情绪应对方式；免疫力如何。乐观的个体在生活中更有活力、更快乐，在面对突发事件时有更好的免疫力，身体能够应对更多的压力和突发事件。同时，在发生突发的负性事件时，个体会寻求帮助和支持，能够寻找资源帮助自己度过困难时刻，采用更加积极的应对策略。

四、积极自我

自我是个体对于"我"的概念，在我们的观念中，这个概念也许自人类出现就已经存在了。但是研究发现，自我的出现经历了漫长的发展过程。在过去的欧美国家，每个个体的价值与其出身、家族、社会地位以及从事的行业相关，在很长的一段时间一直被大众默认接受。个体通过社会的此类价值判断了解自己是谁。随着社会的发展、个体接触到的环境和信息逐步发生改变，个体开始对自我进行探索。在文学领域，出现了各种自传和他传，描述个体的生活和感受，启发后来的个体通过艺术、文化等方式表达内在感受，探索内在体验。大众开始相信，通过了解自己内心等方式，可以帮助个体成长，促进个人进步，并最终产生对于自我的概念。后来，弗洛伊德开始对无意识进行研究，其对于无意识和意识层面的研究逐渐被普通大众所接受，促进个体探索内在的自我，了解自己逐渐成为个体追求的目标。当下社会，无论从地理位置角度还是财富地位角度，个体都出现了更强的流动性，将生活在更多不同的环境中。一方面，对于自我的探索加深了个体的自我认知，思想更加开放和自由；另一方面，更多的自我探索让个体思想发生了改变，拥有自由的思想让其感受到每时每刻地遵守超越自然的社会规则是有难度的，个体将在生活中寻找自我价值。

（一）客体自我和主体自我

自我有两个角度：客体自我和主体自我，两者之间的差别一直是积极心理学关注的话题。主体自我是在进化中发展而来的，强调自我的生物基础。自我意识是行动的发出者，驱动个体发出应对外界的行为和反应，获得适应和交流的能力。主体自我相关理论认为，在分析环境和自我的过程中，需要平衡自我的感受、需求与外界发出信息之间的矛盾。还未达成的自我，属于客体自我的一部分，不属于主体自我。除此之外，社会心理学、认知心理学的理论系统中也对客体自我进行了描述。

在客体自我、主体自我以及自我评价和调节的研究中，客体自我理论认为，自尊水平与个体的表现之间存在显著的相关性。当个体拥有较高的自尊水平时，对于自己能够完成该项任务将拥有更多的自信，并且相信最终自己会取得成功。面对生活困境时，能够运用灵活的方式处理遇到的挑战；面对内在冲突时，动用可能的防御机制去处理，这是个体的主体自我在发挥功能。当个体掌握了灵活的处理方式，能够面对生活挑战时，生活将会变得更美好。

（二）自尊

自尊是一种情感体验，个体依靠自我评价来获得自尊，希望受到他人、集体和社会的尊重[①]。同时，自尊包括个体对于自我价值的感受，这种感受

---

① 张钰,刘海燕.大、中学生社交网站使用强度、自尊和抑郁的关系:好友数量的中介作用和性别的调节作用[J].中国健康心理学杂志,2020,28(4):2-3.

取决于个体在现实生活中取得的成就与实际期望之间的差距。每个个体的期望不同，希望获得成就的角度也不同，比如可以是对目标和追求的期望，也可以是个体对于自我价值的期望等。由于自尊是由现实生活中取得的成就与实际期望之间的差距决定的，因此对于未来的期待和希望以及将来实际出现的成果将会对个体的自尊水平产生很大影响。自尊不是单一维度的概念，在不同的环境中，个体由于自身的人格特质差异会感受到不同的自尊水平。

1.自尊的测量

个体自尊水平的测量由来已久。自尊的自陈测量量表可以评定多个维度下个体的自尊水平。自尊测量量表分为成人版、青少年版等，成人版自尊量表被广泛使用，包括自我评价、自我的认可、身体状况的评价、防御方式的评价等维度。青少年版同样得到了广泛的应用，其中包含在不同情境下个体的自尊水平。在不同的文化背景下，个体的自尊水平有一定的变化。

2.自尊的发展

父母教养方式对孩子自尊的发展有重要影响。当父母可以完全地接纳孩子时，能够同时看到孩子的优点和缺点，帮助孩子设立合理、有一定难度的标准，孩子更容易发展出高自尊。如果父母能给予稳定、权威的教养方式，教养过程中有一定的威信，孩子是自由并且能够被引导的，家庭环境充满了温暖和尊重，孩子可以直接与教养者探讨、沟通，能够接受父母的反馈和指导。相反，假如家庭中的环境并不稳定，父母的教养方式存在问题，过于随意或者过于霸权，孩子没有自由，在与父母沟通时常常被拒绝和责骂，那么孩子很难发展出高自尊。父母在与孩子相处时，对于孩子产生的影响远远超出我们的想象。父母给孩子潜移默化的影响，比父母对孩子口头的教导具有更大的影响力。如果父母乐观向上，那么他们在问题解决的过程中表现出的方式更可能帮助孩子形成高自尊。同样的，父母如果在遇到问题时总是采用回避的问题解决方式，那么孩子受到影响，面对问题时更容易采取回避的应对方式。

另外，当个体在生活中能够取得更多成就时，那么在社会中能够取得更多的自主权，有利于获得更多个人工作技能，使得个体得到社会更多的接纳和支持。相应的结果，个体将获得更多关于自身成就、品质和优点的感知，同时获得更多的自尊。

自尊是个体相对稳定的特点，一般没有太大波动，除非个体生活发生重大的突发事件。此外，年龄阶段可能会影响个体的自尊水平。学龄前的儿童，其自尊水平相对较高。随着年龄的发展，青少年的自尊会在青春期降到谷底，原因可能是这个阶段的青少年需要社会中重要他人的反馈确定自我的价值，依赖外部评价多于内部评价。当个体平稳地度过青春期后，自尊水平将会有明显的上升。自尊在青春期的下降，可能是由于青春期过程中身体和生理发生的变化的影响。这一阶段，个体会产生竞争意识，与同伴的关系变得复杂，心理日益成熟，因此个体对于自己的评价可能不再是单纯的正向评价。青春期时，青少年进入了正式交往能力的发展阶段，青少年开始想象自己在他人眼中的样子，以及生活中的他人如何评价自己。因此，在这个阶段自尊水平有较大的波动。随着个体年龄的增长，其自尊水平会逐步上升，成年后个体生活中发生的重大转折，绝大多数会提升个体的自尊水平，如毕业、入职、结婚、生子、工作调动和住宅搬迁等。成年后期，个体的自尊水平会经历一次下降的趋势。不同个体之间的自尊差异不随年龄改变，基本保持稳定。

那么这些波动是由于什么因素造成的呢？个体对于生活中成功和失败的归因及其解释风格对个体的自尊水平有重要的影响。

自尊包含相对稳定部分和波动部分，其中相对稳定部分是由个体对自我的认知加工决定的。当个体对外界评价的部分进行加工时，会有许多因素影响个体对于信息的加工方式。

第一，个体的动机是出于对自我的提升；

第二，个体希望能够通过加工这些信息，保持对自我稳定的认知；

第三，加工这部分信息可以使自己被社会接受；

第四，加工这部分信息能够保持对自己正确和客观的认知。

因此，无论是出于何种动机，个体都将带着一定的认知局限性去加工外界传递的信息，加工信息的过程可以帮助个体获得对自我的积极感受。个体倾向于将已有信息与过去信息加工为一致的内容。同时，个体倾向于使用获得社会成员认可的方式加工外界的信息。值得关注的是，高自尊个体倾向于从利于自我形象提升的方式来加工信息，低自尊的个体则会通过较为悲观的方式加工信息并获得自我评价。

3.影响自尊的因素

不同的个人特质对于个体的自尊水平有不同程度的影响。以下特征可以显著预测个体的高自尊水平：能够有效地处理应激，过程中不批评自我和他人；在新的环境中能够很快地适应环境；能够应对批评和消极的评价；有积极情绪，能灵活表达；对于职责范围内的事情尽量处理好；能为生活设立有恰当难度的目标。以下特征可以显著预测个体的低自尊水平：当遇到应激事件时，身体出现不适的反应；在进入新的环境时，个体情绪波动较大；无法处理应激事件；存在心理健康问题，如焦虑和抑郁；很难建立稳固的人际关系；饮食不规律，对于饮食习惯很难控制。高自尊个体主要关注向外探索的信息，探究如何提升自我，寻找进步和发展的机会。高自尊个体如果得到了消极的反馈，很容易放弃任务。低自尊个体更希望保护自己的自尊，低自尊个体倾向于避免失败和耻辱，倾向于坚持下去，直到事情完成。因此，高自尊个体通过寻找机会，探索外部环境和内部自我，获得成功，提高自我价值感；低自尊个体则倾向于寻找自己的缺点和不足，努力弥补，通过在这些方面避免失败来维护自尊。

4.防御性自尊

在对自尊的研究中，有学者提出了防御性自尊的模型，模型包含两个维度：个人价值、个人能力。高自尊个体对应着较高的个人价值感和较高的个人能力，低自尊个体对应着较低的个人价值感和较低的个人能力。另外，防御性自尊的个体，在日常生活中可以观察到与高自尊个体有很多相似的部分，区分两者的关键在于在面对挑衅时，高自尊个体与防御性自尊个体将出现完全不一样的反应方式。

当个体能力较低但是价值感较高时，个体会出现第一种防御性的自尊表现，对于批评非常敏感。面对质疑和批评时，个体出于对自己能力的不自信，将出现反弹性的反应，运用过度补偿的方式应对他人的批评和指责；或者当被批评和指责时，由于无法处理对方的意见，他们将指责和批评他人，将对自己的批评转向他人，运用置换的方法，处理无法处理的部分。

另一部分个体拥有较高能力，但是自我价值感很低。本身能力强但是自我价值感低的个体遇到对自我价值的批评时非常敏感。当其自我价值受到质疑时，为了抵御内心低价值感的侵袭，他们将完全投入工作中，希望能够通过工作创造更多的个人价值，维持内在价值感的平衡。因此，过分投入工作的防御机制可以理解为升华，用工作中的成绩和反应为内在的低价值感做出补偿。如果工作的过程中无法弥补内在的低价值感，个体可能会采用威胁或者反抗的方式处理无法应对的威胁，可以理解为采用了反社会的机制，对外界激惹进行防御。

5. 自尊的提高

随着对自尊研究的逐渐深入，个体越来越关注如何提升自身的自尊水平。自尊是现实成就和内在抱负的比值，根据这一理论提出了提升自尊水平策略，如改变环境、认知行为疗法等，个体可以通过提高自尊的方式来改变生活、发展自身、获得成就。

无论何种方式，最终的目的都是提高个体对于自我的认知，提高个人能力，解决的问题包含工作中的问题、人际交往中的问题、学业困境等。假如个体的低价值感是由于经济基础带来的，改变个体所处的环境（如居住环境、生活环境、工作环境等）会对其有所帮助；当个体的低价值感是由于理想中的期待过高时，通过CBT疗法，帮助个体认识到自己存在的困境，将会降低过高目标，提高自我价值感；个体存在认知偏差，对于表扬、鼓励以及表现优异的部分视而不见，只对降低自我价值感的事件记忆犹新。这种情况需要认知行为疗法的介入，帮助个体意识到认知偏差。只有当个体关注到生活中自己表现优异的部分后，才能主动寻找生活中积极的自我反馈，重新认识生活的自我价值感，寻找生活中让自己骄傲的事情提高自尊。

（三）自我效能

自我效能理论被提出后一直受到心理学界的推崇，个体的自尊水平与自我效能感有密不可分的关系。自我效能这一概念既与社会心理学相关，也属于人格理论的一部分。该理论认为，自我效能感指的是个体相信自己可以高效地完成一项工作的认知，生活中的方方面面都会用到，因为个体会在相信自己能够做到的情况下付出努力、完成任务。当个体认为自己无法完成任务时，则不会在这件任务上花费太多时间。根据班杜拉的自我效能感理论，对于某件事结果的期待取决于对自我能力的判断，即自我效能感。假设个体有良好的自我效能感，认为自己可以取得成功，则在完成任务的过程中会有更多的动力；假设在某件事上自我效能感较差，认为这件事是力所不能及的，那么这种认知会在完成任务的过程中成为障碍。效能感在任务的完成过程中对个体行动产生很大的影响，例如体育比赛中运动员认为自己可以在一定的时间内完成比赛并取得胜利，在比赛的过程中，运动员的身体机能会因为预期而达到最佳状态，从而完成比赛取得胜利，这就是自我效能感发挥的作用。获得胜利后运动员收获了荣誉、掌声和祝贺，运动员因此收获了自我效能感产生的正反馈。

当然，不同的情境下个体的自我效能感所能发挥的作用、时长以及最终取得的效果存在差异，这些差异最终会导致不同的结果。个体对于主动发出的行为进行结果的预期，将会影响身体机能的表现。同时，事件的结果会给个体带来相应的反馈。个体的行为表现并不是总与结果相关，但假如表现与结果相关时，自我效能感的高低一定可以预测行为的结果，比如学业成就、工作成绩等。

自我效能感与自尊之间存在相关关系，同时两者也有显著的差异。自我效能感是个体对自我能力的主观判断，而自尊是指个体对于自我价值的关注。两者关注的个体内在不同，理论结构不同，是相互独立的。两者都会对个体的情绪产生影响，但是行为的结果更多地受到自我效能感而不是自尊的影响。

综上所述，根据自尊以及自我效能感的相关理论，我们可以发现，环境、自我效能感以及个体的行为是相互独立的，三者之间存在着相互作用。

自我效能感与个体的认知过程、行为的动机等因素相关。比如个体的认知水平层面，拥有较高水平自我效能感的个体在面对困境时，拥有更多的认知资源处理问题，方式更加灵活有效。在处理问题时视域更加开阔长远，会从更有利于自己的角度出发，通过不同的方法处理问题，调整行为的策略。

拥有适度的动机水平会帮助个体更好地完成任务。自我效能感较高的个体在完成任务前，会为自己设立具有一定挑战性的目标，相信自己的努力会带来好的结果。假如任务失败了，会将自己的失败归因于外界不稳定的因素，比如环境、策略等，而不是将失败内归因。他们相信在完成任务的过程中，所有的困难都是可以解决的，不会产生太多的无力感。个体将会坚持完成自己的目标，这一过程极大影响着个体的自尊水平。

个体的自我效能感认为，外界的威胁和挑战都是在可控范围内的，这种思考方式可以让个体感受到安全，减少外界变动给个体带来的焦虑情绪和抑郁感受，从而调节情绪。自我效能感对于个体情绪的调节有许多方式，个体常常通过寻求社会支持的方式缓冲外界刺激对于情绪波动的影响。潜在威胁对于情绪产生的波动影响可以通过自我安抚的方式解决。

个体的身体与心理之间存在密不可分的关系。自我效能感可以使个体免疫系统更好地工作。免疫系统是身体的重要防线，与身体健康息息相关。面对外界改变带来的应激事件，个体有更强的适应能力，当个体需要完成特殊的目标时，较高的自我效能感可以帮助个体更好地完成任务。

（四）获得积极自我的其他途径

1.社会支持

人类在进化的过程中逐渐发展为群居动物，群居为人类的生存和进化提供了便利。在进化的早期，群居帮助人类个体抵御其他野兽的攻击以求得生存，同一个群体的个体可以通过分工合作的方式提高每一个个体的存活概率，提高每个个体的工作效率，群体也得到了更好的发展。群体生活可以带来的好处不仅仅有上述几项，在群体中，个体将会有更多的社会交往行为，个体的社会交往的范围和数量对于个体的身体健康有着重要的影响。拥有更多社会交往和支持的个体，拥有更好的心理状态，同时获得了更好的免疫系统和身体健康状态。

社会交往、社会支持以及关系网每一项都有独特的特点。社会关系是个体在与他人交往过程中能够获得帮助和支持的一种特殊关系，是个体生存的必需品。社会支持是个体生活中重要的组成部分，个体的全部支持性的关系构成了个体生存的人际关系网。

可以通过量表的方式对个体在人际交往中获得的社会支持进行测量。对个体社会支持的测量主要分为长期和短期两种，通过对社会支持的测量，拥有较多社会支持的个体可能更加外向，而其在精神质一项上的得分可能更低，这意味着个体的人格特质对个体可能拥有的社会支持有显著的预测作用。拥有高社会支持的个体，在人际交往的情境中更加坦然和坚强，不容易出现应激反应。他们会采用更加灵活的方式，应对社交场合，并获得成功。这种特质可能与个体早期依恋关系的发展有一定的关系，拥有安全依恋关系的个体更可能拥有高社会支持。高社会支持的个体将产生更积极的自我认知。

2.宣泄

在人生发展过程中，个体经常会遇到超出能力的挑战和任务。如果不能正确面对，将会影响身心健康，在心理学中称为"创伤"。过去心理咨询没有当下如此普及，有很多个体在儿童、青少年或成年期经历过创伤，却一直没有解决，隐藏的创伤将对个体的自我认知产生更大的影响。

对于个体经历的创伤有许多种处理方式，其目的都是为了保证身心健康。纵观每一种处理方式，都会将个体可能潜藏在潜意识中的记忆提取到意识层面中来。这个过程无疑是痛苦的，想要将记忆中带给我们沉重负性情绪的事件保存在记忆中，并且将其与自我的评价相联系，意味着个体必须容忍这种方式带来的情绪波动。宣泄指的是在当事人信任的关系中，挖掘过去曾经经历的创伤，通过生动的讲述暴露于创伤中，渐渐地起到疗愈的效果。

这种方式是否真的能够起到疗愈的效果？有一项长达二十年的纵向研究对其进行了探究。被试者包括经历过各种创伤的个体，比如灾后幸存者。被试者被要求写下他们曾经经历过的创伤，经过表达后的创伤，对个体身心健康的影响明显变小。这意味着宣泄对个体创伤确实有疗愈的作用。在日常生活中，我们常常将生活中必须要面对的困难记录下来，表达自己的感受，对于记录和表达不必拘泥形式，目的是获得宣泄的感受。记录时请寻找保证安静不会受到打扰的环境，这份记录在完成时是我们自己的任务，完成后的读者同样是我们自己，整个疗愈过程都是在与自我工作。只有把自己当作读者，客观地观察和看待过去的经历，我们才能保证毫无保留地记录。也许记录过后会感受到情绪的波动，这都是暂时的，需要经历这样的过程，这对未来是有帮助的。

为什么这种记录的方式可以帮助处理创伤呢? 在人类的大脑中, 杏仁核负责处理和存储情绪, 海马体负责记录和处理强度较弱的情感。因此, 记录的过程完成了将记忆由杏仁核到海马体的转移。当经历了记录后, 再次对过去的创伤进行回忆时, 可以仅仅动用海马体将记忆提取出来。这一结果证明宣泄帮助个体寻找到了降低情感负荷的方式, 并不需要触发杏仁核才可以回忆起这部分。存储在杏仁核中的记忆并不是消失了, 因此当个体再次经历重大的创伤时, 存储在杏仁核中的记忆很有可能再次被激发出来。

3. 哭泣

哭泣是重要的表达方式, 哭泣可以帮助个体缓解短期的情绪波动。哭泣过后, 个体将在过后的时间中感受到情绪的放松。这一结果只适用于生活中发生的小困难。

不同的文化情境下, 大众对于不同年龄、不同性别个体哭泣行为的态度有巨大的差异。大多数文化中, 儿童和女性的哭泣更容易被接受。同时, 在人格特质上, 外向得分较高的个体哭泣的概率高于内向得分高的个体。神经质、共情强的个体更容易哭泣。当个体的身体情况出现变化时, 更容易出现哭泣的情况, 如产后抑郁。个体的特质、所处的情境共同影响着个体的哭泣的行为, 哭泣也被发现会对周围的个体产生影响。

4. 放松

个体身体状态的放松可以有效缓解个体的负向情绪和身体疲劳, 如运动后肌肉的放松、呼吸的放松等, 各种放松的行为都可以降低个体身体的紧张状态。因此, 当个体面对外界的突发事件时, 可以积极采取身体放松的方式获得更好的状态。适度的放松可以帮助个体缓解身体和心理的各种压力, 获得更加舒适的自我状态。

5. 幽默

幽默引导个体的情绪去往积极的一面, 在困境中帮助个体改善情绪。幽默量表得分高的个体在面对应激和压力状态时, 能够更好地应对, 有利于身体健康状态。

个体在面对压力时, 启用幽默的应对方式后, 其免疫系统的运作水平得到了提升。因此, 幽默不仅可以帮助我们获得更好的情绪, 同时还有利于个体的身体健康。幽默的人可以交到更多的朋友，获得更多的社会支持，形成一个正向的循环。

（五）防御机制

防御机制指的是个体在生活中遇到焦虑和无法克服的挫折时，进行自我保护。防御机制能够帮助个体处理外界信息，重建积极的自我。与之相似的应对策略常常与防御机制放在一起进行对比，实际上两者之间涉及的心理结构完全不同，存在很大差异。应对策略是当个体遇到外界的要求与个体能力不匹配的情况时，面对能力达不到要求的情境，如何分析现状并且解决问题的策略。防御机制则完全不然，该过程发生在无意识层面，当个体的内在出现冲突且个体在意识没有参与的情况下做出的反应即防御机制。

防御机制的概念最初由精神分析学派的创始人弗洛伊德提出，弗洛伊德认为个体在无意识层面压抑了许多暂时不能进入意识层面的信念，在个体产生这些不能被意识层面容纳的认知时，需要启动防御机制，抵御类似想法。这一理论出现后受到了学界的关注，并且一直贯穿于精神分析流派当中。

精神分析流派对于防御机制的解释仍然存在差异。有的理论中，防御机制被看作个体为了回避某些想法带来的焦虑感受的措施，还有的理论认为，防御机制是面对意识层面和无意识层面的冲突，个体发展出的应对方式。一方面，个体希望获得自由，在生活空间中能够挣脱束缚；另一方面，个体又希望能够维持已有的人际关系，并且听从权威的观点以获得权威的认可。

家庭环境中，青少年与父母发生争执，一方面希望自己有能力和勇气直截了当地表达愤怒，但是又惧怕在表达愤怒后受到不认可和惩罚，以及由此引发的自己的惩罚和内疚的感受。假如个体能够学会更加灵活的防御方式，可以驱使个体更好地缓解压力。

1.防御的评定

对于防御机制的测量，出现了两种取向的防御机制测量量表——自陈量表和他评量表。严格来说，由于防御机制存在于个体潜意识层面，因此很难被意识层面捕捉并报告，并不能采用自陈量表的方式对个体的防御机制进行测量，但是实际上由无意识的防御派生出的有意识防御是可以通过自陈量表进行测量的。测量方式有一定的偏重，结果中只存在不利于个体适应的防御机制。

2.防御类型问卷

学界广泛认可的对个体防御机制测量的问卷包含88道题目，这一量表将防御类型进行了四个维度的区分，分别是适应性防御、不适应性防御、自我牺牲和意象扭曲。每种防御机制维度下包含多种具体的防御机制，适应性的防御机制维度下包含升华、幽默、压制、预期和合群；不适应防御机制维度下包含拒绝帮助、躯体化、被动攻击、投射认同、埋怨、解除、投射、退缩、幻想等；自我牺牲防御机制维度下包含反向认同、否认、假性利他；意象扭曲防御机制维度下包括投射和否认、全能自我、分裂、伴无能之全能、原始理想化等。对个体防御机制的测量，可以用于各种正常群体和特殊情况的个体。

五、积极关系

（一）家庭关系

人际关系网络是个体生活的重要组成部分，其中家庭关系对个体的主观幸福感有重要的影响。无论是从生理还是心理、文化还是法律的角度，家庭对个体的意义都是独一无二的。家庭的组成有多种方式，家庭关系一旦建立，将对个体产生持续的影响。在家庭中，每个人都将扮演特定的角色，分工明确、承担责任，这些都是家庭中不可或缺的部分。

每个家庭的结构不尽相同，因此不能建立一个适用于所有家庭的家庭模型，每个模型都具有其局限性。传统的家庭模式引出的核心家庭模式可以拓展延伸出其他方式的家庭结构模式，其他的家庭模式都是在传统家庭模式的基础上拓展得到的。因此，核心家庭模式具有一定的代表性，可以代表大部分家庭的发展任务和阶段。

在家庭发展阶段的前期，理论模型主要关注个体通过与社会建立联系，发展家庭之外的关系。个体在成长过程中，通过在学校学习并发展社交关系、在团体中发展社交关系等方式，从原生家庭脱离，建立属于自己的社交网络。发展关系时，个体需要处理比如信任、友谊、背叛等相对复杂的关系和情感。

（二）友谊关系

除了家庭之外，个体与非血缘关系个体建立的亲密关系是个体情感和幸福的重要议题。亲密的友谊是幸福的保证，个体在选择朋友的过程中，倾向于选择品质、价值观与自己相似的个体成为朋友。与相似的人成为朋友，可以让个体感受到更多熟悉和安全的感受，同时更容易被认可，为个体带来被肯定的积极感受，获得更多对于自我积极的解释。维持友谊的方式有很多，受到很多因素的影响，比如个人特质、相处方式等。个体的依恋方式对友谊起到重要的影响，成人的依恋关系源自儿童时期的依恋关系，拥有安全依恋关系的个体，更容易发展出适合和舒适的同伴关系，相比于焦虑型依恋关系的个体，更加外向、有耐心和恒心，这些特质对友谊有促进作用。

1.信任和背叛

在友谊中，信任和背叛两个维度是并存的。当个体能够信任他人，同时能够被对方信任时，会增添幸福感。这里的信任指的是个体对于关系的期待，相信这份关系是充满信任的。同时个体能够做到不背叛朋友、不被朋友背叛，这将会是一份稳固的友谊。信任往往是相互的，一般信任水平的个体，大多数情况下也希望其他人表现诚信，高信任水平的个体，能够被他人信任，同时能够在生活中获得更多的主观幸福感，能够拥有更多的朋友。

2.原谅和赎罪

友谊中一定会出现不完美的部分，比如背叛。当友谊中出现了心理或者身体上的敌对行为时，个体将会经历背叛的体验。背叛会引发个体情绪上的波动，最终可能会导致友谊的终止。为了避免友谊的终结，个体可以通过原谅和道歉等方式与对方沟通。当个体对于对方行为的动机有所了解，同时能够对其造成的不好后果采取积极的解释风格时，会原谅对方的行为。原谅他人时，个体会理解对方做了对不起自己的事情，但是不会惩罚对方，通过理解对方的方式原谅。如果个体可以使用这种思考方式，那么过去发生的错误将被遗忘。原谅与法律中涉及的无罪不同，仅仅是个体反馈个人感受，个体原谅意味着承认对方的错误，但是主观上我们选择释怀。同样的，背叛者可以通过赎罪的方式缓解两人的关系。个体可以对做过的错事忏悔，并对受到伤害的个体做出补偿。个体明确自己的行为伤害了对方，并且承诺自己会对过去犯下的错误努力改正。

虽然我们认为赎罪和原谅都是可以弥补友谊的方式，但是两种方式都有其相对的优势和局限性。对对方的不满不断地积累，势必会对个体间的关系造成影响。但是一旦我们决定原谅，就意味着我们试图放下关系中的重担，同时也是放过自己和对方。原谅可以帮助个体反思和悔过，提高个体的心理适应能力，对内在自我进行反思、提升。但是原谅可能会被理解为示弱和失败，如果双方中有人这样理解原谅，将可能对关系造成二次伤害。因为当我们原谅对方时，就不再是一个受害者的身份，也不能站在道德制高点指责他人。

与原谅相似，赎罪有其相应的优势和局限。当关系中的一方对关系做出弥补时，个体的负罪感就减轻了，并且很有可能取得关系中另一方的原谅。赎罪是可以消除个体主观中不好的感受并且提升主观幸福感的。但是我们深入思考会发现，赎罪背后的逻辑层次是赎罪的一方作为关系中犯错的一方，承担关系中问题的主要责任，并且将会体验到关系带来的羞耻。

无论是原谅还是赎罪，都需要友善和谦逊的态度。弥补关系最重要的是需要站在对方的角度思考问题，能够试着站在对方的角度感受对方的处境。这个过程需要放下偏见和过度的自尊，对于每个人来说都是困难的。这意味着我们卸下了自己的防御，向对方展示自己最脆弱的一面。

3.感激

社会交往的过程中感受到温暖和爱，并且能够从其中有所收获，那么个体将感受到感激的主观体验。感激的情绪体验与道德相关，主要有以下三个角度的证据。首先，感激让个体知道在过去的交往过程中所经历的亲社会的关系，对方给予的以及自己发出的都属于亲社会行为；第二，感激的感受会让个体更多地发出亲社会行为；最后，当个体对他人发出感激的情感时，对方也会向我们发出更多的亲社会行为。感激的情感状态将帮助我们增强免疫系统的功能，对个体的健康有好处。假如个体能够每天记录

"感激日记"，其情绪状态比记录压力事件的个体更好，其主观幸福感更强。

（三）婚姻关系

家庭生活周期理论分为四个阶段，该理论认为，第三个阶段的主要任务是在自己的人际交往圈子中选择终身伴侣。"婚姻"含义包含广义和狭义两种，狭义上指的是法律认可的长期伴侣关系，广义上指的是具有现代意义的长期共同居住的事实关系。婚姻不仅是两个个体的结合，更是两个原生家庭的关系。选择配偶是个体成长过程中重要和复杂的阶段，这一过程分为四个阶段。第一阶段，个体将会从能够对自己产生影响并且自己也能够影响到的群体中选择配偶，在这一阶段，个体会从生理、心理、外表、智力、爱好以及性格等个人特质角度选择自己的配偶。第二阶段，个体将会通过暴露自我的方式获得感情的增进，个体的价值观会产生交流和碰撞，关系将进一步发展。第三阶段，个体将继续相互磨合，磨合是关系继续发展的基础，这个过程将原有的吸引力持续下去。假如个体之间可以相互理解、共情对方，那么关系将会进展顺利，发展出更加稳固并且无可替代的关系，分离对于双方来说越来越困难。第四阶段，这个阶段的个体将彼此做出积极的、长久的承诺。如果在这个阶段双方都愿意给予彼此积极的回应，最终双方将会步入婚姻的殿堂，两个个体的结合意味着两个家庭的习惯和价值观的融合，结婚意味着他们将要共同处理夫妻关系、亲子关系等各种亲密关系，这对于个体未来的幸福感和身体健康都有着潜移默化的影响。

常常将两人能够长久幸福地生活在一起归因于性格中积极的部分，而不仅仅是外界的条件。例如丈夫认为妻子是一个很贴心、友好的人，因此她常常会帮助自己，而不认为妻子只是顺便这么做的。在幸福的婚姻中，也会存在消极的互动，只是积极的互动与消极互动的比例为5∶1。婚姻幸福的伴侣交往时，即使出现了消极的互动，很快会被出现的积极互动冲淡。解决冲突时，拥有幸福婚姻的个体会很明确地将讨论的重点集中于要解决的问题，而不是急于否定对方，这背后重要的逻辑是，亲密关系中对对方的尊重。即使两人之间出现关系紧张也不会采取冷战或者失联的方式处理。有时候幸福的关系仅仅需要多一份对对方的认可，接受两人的不一致，包容的态度是关系处理的重要部分。

生理基础决定了男性和女性之间交流和沟通的方式存在差异。男性沟通的目的是传递信息、解决问题、完成任务；女性交谈的目的主要是为了维持关系、联络感情，讨论部分包含了更多的个人情感。

因此，在婚姻中获得幸福的伴侣，能够认识到男女之间沟通方式的差异和不同交流风格背后的需求，在交谈时会增进关系。男人会努力表达感情，女性则更多地关注事情和问题，传递信息。亲密关系中出现的问题常常是由于交流不畅和权利的争夺。谈到内心深处的情感，男性通常更希望保持距离，而女性则希望获得更多的亲密感。涉及权利的争夺时，男性常常希望保持自己的权利核心，而女性希望追求平等。幸福的婚姻中，男性对于隐私的追求和女性对于权利的追求都会被适当地尊重和满足，并且在出现分歧的时候通过沟通的方式解决问题。

婚姻中存在三种稳定的且令人满意的婚姻类型，分别是传统型、回避型和两性型。传统型夫妻会采用传统的性别模式生活，男性和女性的角色类似于男耕女织的状态。回避型夫妻同样采取传统型的性别模式，在涉及个人问题时，常常保持距离，不会发生冲突。两性型夫妻则尽量争取平等，在面对分歧时可能会爆发激烈的冲突。这三种夫妻关系都是相对稳定的。在处理亲密关系中的问题时，关系为稳定类型的伴侣会采用积极的言语解决冲突，不稳定类型的伴侣会更多地采用消极的语言和消极的归因方式处理亲密关系。

1.有儿童的家庭

家庭生活结构的第五个阶段提及了家庭中的新生命——儿童。对于初为人父母的个体来说，为家庭中的新生命腾出空间，是他们需要适应和面对的事实。父母要承担起新的责任，养育新的生命。

个体在成为父母后需要满足孩子的生理需求，同时帮助孩子建立规则，保证儿童的安全，包含保护他们的生理安全，需要照顾儿童，帮助儿童开发智力，这个过程十分复杂。生理上，为儿童提供住所等物质基础以及共情等情感支持，满足儿童被照顾的需要。帮助儿童建立明确的规则，在恰当的生理年龄发展适合年龄阶段的心理特点。需要理解儿童的情绪和智力，对于亲子间的交流有足够的信任，开发大脑，活跃智力。

假如父母能够满足儿童基本的生理需求，并且在儿童有需求、发出信号时能够给予及时的回应，那么儿童将发展出安全的依恋关系。儿童相信父母是安全的，家也是安全的，自己是被包容和保护的，在他们探索新世界的过程中有安全的港湾。否则，孩子无法建立安全的港湾，也没有安全的依恋方式，在未来的生活中可能对亲密关系产生影响。权威型父母的教养方式能够以孩子为中心，采用温和的陪伴，给予一定的自由和空间，允许孩子成长，让孩子能够在适当的年龄获得自由和权利，承担相应的责任和义务，最大限度地给予孩子支持。在这种教养方式下父母了解孩子的需求，同时孩子也知道如何通过友善的方式去沟通、交流并解决问题。这些都建立在安全、稳定的父母和家庭中，能够帮助个体更好地发展同伴关系，形成社会支持系统。与权威型教养方式不同，专制型教养方式虽然温和，但是由于父母专制无法给予孩子太多的自由，儿童很难成长为积极进取、主动采取行动的个体。在专制的教养方式下，个体习得了一种观点，认为完全地服从是解决问题的方式，人与人之间的差异是无法取得平衡的，只能通过服从的方式取得平衡。宽容型教养方式下的父母是温和的，这种教养方式下的孩子缺乏自我控制能力和计划的能力，几乎无法控制冲动，不能计划自己的生活。除此之外，还有的个体很少得到父母的支持和关爱，在未来的生活中需要调整。

2.有青少年的家庭

在家庭周期结构模型中，随着个体的成长和发展，家庭中的儿童逐渐成长为青少年。青少年进入青春期，亲子关系几乎要推倒重建，在这个过程中孩子将获得更多的自由，家长将减少自己的控制。同时，家中的长者年龄渐长，需要照顾年老的家人，这是对家庭中的每个人都充满了挑战的一个阶段。

良好的亲子沟通能够促进父母和孩子关系的重组，对于青少年的发展是十分重要的。亲子冲突是青少年发展过程中的必经之路，家庭体验是亲子冲突中的重中之重，只有极少数的家庭体验会出现极端的冲突。

充满幻想的青春期青少年在对抗父母保守价值观的过程中，常常围绕生活中的琐事进行，在争吵中很少涉及价值观和情感。这一时期的青少年会通过增进同伴关系，削弱和父母的关系，以此来获得成长并脱离家庭。个体在关系中表现出的依恋风格和儿童时期与父母表现出的依恋风格是相似的。

3.青少年的独立

家庭生活模型的第七个阶段是家庭中青少年的独立。在这个阶段，青少年将离开父母、家庭获得成长。在这个过程中，父母面临着一系列角色的调整，不仅是父母角色的调整，夫妻之间的关系因为阶段的变化也需要做出调整。父母面临着一系列的任务，来应对家庭中成员的加入或者是离开。

4.中年的重新评价

青少年离家后，家庭的角色发生了改变，父母不仅需要应对青少年的离开，更要习惯关系的改变。人到中年，婚姻、职业都会对个体产生各种影响，个体的思想、追求和思考的目标，都可能出现改变，当家庭中出现人口变化较大的情况时，对个体的促进作用较大。正如青少年出现逆反心理一样，个体步入中年后，常常会遇到中年危机。个体在40岁左右更容易对自我进行深入思考和反省，并且重新评价他们在家庭和工作中的角色。对于男性个体来说，他们会渐渐地将家庭置于工作之上；对于女性个体来说，工作渐渐重于家庭。但是，这些价值观的变化大部分不会影响个体的成就，对于每个人来说，过去家庭中对父母的依赖、对家庭的感受，以及对父母世界观的绝对信仰会渐渐出现崩塌，萌生出离开过去创造自己生活的想法。

第四节　积极心理学的意义

积极心理学正以势不可挡的姿态进入心理学领域，对各个理论流派产生影响。积极心理学伴随着鲜明的内容和主旨，有焕然一新的研究理论，成为了新时代的新生力量。回顾20年来学术界的变迁，积极心理学的发展有目共睹，它将各个学科与心理学完美地结合在一起，成为一股新生力量。

一、积极心理学与传统心理学的融合

积极心理学在不到20年的发展历程中，对心理学及其他诸多相关领域产生了重大的影响，心理学者对积极心理学意义的研究产生了许多成果。钟暗华提出了积极心理学对于心理学发展的四点影响：扩展了心理学的研究对象，发展了心理学的研究方法，改变了心理学的研究目标，促进了对心理健康的认识。崔丽娟指出，积极心理学是对传统心理学的批判继承，在传统心理学研究分支中具有广泛应用的价值。饶丛权从理论和实践两个方面分析了积极心理学的意义，认为其在理论上填补了传统主流心理学研究的空当，平衡了心理学研究的任务，拓展了心理学研究的视野；在实践中拓展了心理学研究的视野，有利于和谐社会的构建。张若舒认为，积极心理学的理论意义在于弥补了心理学知识体系的空当，能够引导个体实现自我、幸福地生活、健康和谐地发展，其诞生为很多有价值的研究提供了新的导向。江雪华在《幸福与力量：积极心理学的启示》中则比较详尽地分析了积极心理学对于心理治疗、心理健康教育与中国文化联结的启示与意义。付国秋的《积极心理学介评》一文简要地从理论、导向和人性三个角度指出了积极心理学的意义。

二、积极心理学的跨学科融合

积极心理学处于刚刚起步的阶段，实证研究和实际应用在国内外都比较少。目前，中国学者将积极心理学的理论扩展整合至学校教育、家庭教养、人力资源开发、思想政治教育、心理健康教育等实践性较强的领域，开拓了新的视角和理念。虽然这些理念尚未系统地付诸实践，但为积极心理学将来的实证研究与实际应用打下了基础。

乾润梅探讨了积极心理学在儿童的潜能开发与教育、青少年家庭教育以及大学生教育实践运用中的指导意义。胡婧指出积极心理学在新课程教学中的几点积极作用：培养学生的积极情感体验，激发学生的学习兴趣，培养学生的创新思维和创新能力，建立良好的师生关系，对学生进行积极的教学评价。官群以积极心理学为理论基础，提出了"超常潜能超常发挥"的双超常教育，为外语拔尖国际化人才学业有成提供先进理念和科学途径指导。罗艳红、蔡太生探讨了运用积极心理学原理进行人力资源开发的理论基础，并建立了相应的数学模型，从实践角度讨论了在人力资源开发中如何具体应用积极心理学的原理。郑祥专对比了传统观念下的中国家庭教养方式和多元化观念下的中国家庭教养方式，提出了将积极心理学理念与家庭教养相结合的方式，并指出这种家庭积极教养方式的效用和实际操作方法。周文芳和周利华分别探讨了积极心理学在学生思想政治教育中的整合、借鉴与应用。刘艳利、马红霞提出应以积极心理学引导学校心理健康教育的价值取向，指出积极心理学对学校心理健康教育的启示作用，并且探讨了如何在积极心理学的指导下开展学校心理健康教育这一问题。陈红、宋颖惠和顾凡提倡积极心理学与高校心理健康教育相结合，他们分析了两者结合的必要性，并提出了将两者相结合的方法。

尤其值得一提的是，孟万金等人基于已有研究，通过对1 600名中小学生的测量，开发出了中国中小学生积极心理品质量表。该量表经统计检验证明具有良好的信效度，可用于大规模测评中国中小学生积极心理品质发展状况。随后孟万金和官群又在此基础上，通过对1 300名学生的测量，编制出具有良好的信效度、可用于大规模测评的大学生积极心理品质量表，并形成了《中国大学生积极心理品质量表编制报告》。这两项量表的成功编制是积极心理学在中国的本土化及实践应用方面的里程碑式成果。

第五节 积极心理学对教育教学的启示

在当前学生心理状态的讨论中，常见的论调倾向于探讨消极的一面，例如个体挑剔、不能吃苦、喜欢新奇怪论、不好管教、"垮掉的一代"等，现实中确实存在少数问题个体，但是这并不代表大部分个体都处于负面的心理状况。这些论调其实是基于学生的病态模式建立起来的，如此学校教育就不可避免地把注意力放在改变学生不符合传统学校教育价值观方面，忽视了学生原本具有的能力和美好的一面，阻碍两代人真正地沟通和相互理解，使得教育的内耗增加。积极心理学的研究内容刚好可以改善这种情况，如能够得到广泛的应用，必然能够改变教育的整体面貌。

一、积极取向的教育观念

积极心理学指导个体学会体会和把握人生。与当下的心灵鸡汤学和成功学不同，积极心理学能够在认知层面帮助个体进行改变。积极心理学的基本前提是的确存在缺点，但是在生命传承中，人类已发展出了很多优点和长处。人们的注意力更容易聚焦于问题，忽视人类本身好的方面，从而导致看待自己的角度出现偏差。积极心理学是在一定的基础上重新审视自我，关注生命的价值和意义。积极心理学并不否定挫折，而是把挫折看作实现更高价值的必经之路。人生同样有低谷，积极心理学不会拒绝低谷，也不否定其糟糕程度，但是积极心理学更重视生命中美好的一面。个体具备实现自我价值的能力，具备应对挫折、走出低谷的能力。积极心理学通过发现和鼓励积极能力，使个体的积极特质得到充分发展。这其实也是教育要达到的目标，帮助学生充分发展自己的天赋特质，建立起发挥自己才能的信心和能力，在社会实践中保持良好的心态和实现自我价值，更能提高应对挫折和痛苦的能力[1]。

---

① 熊燕红.积极心理学在大学生教育中的应用模式探讨[J].教育教学论坛,2016(39):54-55.

二、获得深层次积极体验

积极心理学研究的对象为积极体验、积极特质和积极关系。积极体验包含快乐、愉悦、满足感、成就感等积极体验，上网聊天、玩游戏可以得到即刻的满足，这是种浅层的愉悦。浅层的愉悦带给人快速的满足，但是很快会消失，如果纵容个体沉溺于浅层的愉悦中，个体会不断地寻求更强的刺激和满足感。同时，快速的满足弱化了个体面对挫折、战胜困难并得到更深层的满足的能力，心理韧性较弱。积极心理学通过引导学生实现更深层积极体验的方式，在快乐中建立起实现自我价值的能力。积极特质包含性格特点、天赋、兴趣和价值观，这些是比积极体验更稳定的方面。教育的核心是发现学生的积极特质并有智慧地引导，从而使得学生明白自己的天赋、专长并且享受发挥特质的成就感，促进其健康成长。对于学生来说，积极的关系包含在家庭、班级、社会、学校中建立的关系。个体拥有积极的关系不能决定个体一定是积极的状态，但是会促进积极体验的产生和积极特质的发挥。积极心理学探讨积极的关系如何产生、如何促进积极关系的建立，认为积极的心理状态本身是良好关系的起点。积极心理学对学生建立良好的关系有一定的推进作用，能够培养他们进入社会后和他人建立积极关系的能力。

积极心理学的目标是帮助个体得到真实的幸福[①]。在积极心理学领域，幸福并非遥不可及的东西。通常个体觉得幸福遥不可及，往往是错误地理解了幸福的含义。例如感觉愉悦不是幸福，它很快就会消失。金钱和财富不能带来幸福，物质带来的满足感很快会消失。在对 22 名乐透大奖个体的追踪研究中，发现他们最后都回到原来的幸福指数，赢得大奖并没有令他们比其他人更幸福。与此同时，研究发现优势和美德可以带来幸福感，在人们发挥自己的优势和天分，应对挑战并且取得成功时，会获得幸福感，这种幸福感是人格特质的一部分，会在生活的不同时间和不同场合中反复出现，带来积极的感受。美德和利他行为会带来完全不同于自我满足感的更深层的快乐和幸福感。

---

① 张忠仁.积极心理学的幸福能力观[J].理论界,2006(005):140-141.

　　传统心理学讨论了学生的心理问题和治疗的方法，并不能预防心理问题的产生。积极心理学认为，预防学生的心理问题必须从发现、培养学生的天赋以及培养美德入手，令学生对自己的未来充满希望，获得应对生活中挫折的勇气和力量。积极心理学不是通过矫正缺点变得更好，而是引导个体发挥个人优势，帮助学生建构自己的生活。当学生能够把优势发挥出来时，可以获得力量改正缺点、对抗挫折，在进入社会后能够安身立命，全面地发展自己，实现人生价值。

第二章 生命教育的反思与展望

第一节 "三生教育"概述

一、"三生教育"的主要内容

"三生教育"主要内容包含生命教育、生存教育、生活教育三部分。其中生命教育是核心,以生命为着眼点,目的在于帮助个体建立与生命的关系、建立与他人的关系,促进社会和谐稳定发展。当今社会生存压力增大、竞争日益激烈,个体面临越来越多的生存压力,因此"三生教育"越来越被社会大众重视。

"三生教育"发展之初,社会中个体生命意识淡薄、生存观念匮乏的情况普遍存在。在此背景下,崇敏提出了"三生教育"的概念,将其理念应用于教育和教学中,对青少年产生了积极的影响。国内外对生命教育已有较多的理论和实践的经验,为研究者提出"三生教育"的概念奠定了基础。罗崇敏敏锐地发现了生命教育的效果以及存在的不足,将生命教育的应用范围拓展至生活、生存方面,创造性地拓展了研究范围,构建了"生命教育、生存教育和生活教育"的统一体。

"三生教育"的核心是生命教育。生命教育的主要内容包含教育、引导个体认识生命,在此基础上学会尊重、热爱、珍爱自己的生命和他人的生命,进而发展生命。只有在认识生命的前提下,才能尊重生命。个体只有学会珍爱自己的生命，才能学会珍爱他人的生命，生命只有一次，珍爱生命是生命教育的关键。学会利用生命中的每一分每一秒，才能在短短一生中获得成长与进步，成为对社会有贡献的人。因此，生命教育的基础是尊重生命，发展生命是生命教育的目的。我们要让个体意识到，个体的生理、精神发展都有一定的发展规律，同时社会有其发展规律，因此需要认识到自我发展规律以及我们所处环境的发展规律，认识到自然界中其他生命和物种的发展规律，最终树立自己的价值观。生命教育要以个体生命为起点，着重发展个体生命与其他生命以及环境之间的关系，努力促进生命的和谐发展。

生命教育的重点在于"生命"。生命是进行生命教育的重中之重，每个生命都在生命教育的涵盖范围内。不同个体对于生命的理解不同，关键不在于化解不同，而在于唤醒每个个体的生命意识。生命意识意味着个体了解自己的生命本质，愿意为之调整自己的生命观和价值观，对自己的生命和其他生命都充满敬畏之心，拥有正确的人生观和价值观。每个人的价值观千差万别，生命教育的目的在于对价值观中的生命理解进行引导和塑造——珍爱生命、尊重生命、敬畏生命，领悟生命的价值和意义。无论是自然界中的生命，还是头脑中抽象的不可触摸的精神生命，甚至自然界中的群体生命、社会生命，各种生命都是生命教育探索的目的。因此，生命教育对社会发展、和谐社会的建立，以及建立人与自然的和谐关系都具有重要意义。

生命教育是"三生教育"的核心，生存教育是"三生教育"中必不可少的部分。生存教育是指引导个体探寻自己生存的意义，发展自我生存的能力，掌握自我生存的规律。生存能力与个体的适应能力、创造能力密不可分，个体只有拥有强大的生存意志，才能够在各种环境中适应、发展自我，寻找到适合的生存方式，确立适合自己的生存追求，学会应对生存危机。个体需要在遇到挫折时学会面对挫折并发展自己的力量，摆脱环境中出现的危机并处理危机，学会知识、获得技能，在社会中生存。

通过系统地教育和引导，生存教育需要帮助个体掌握生存技能和知识。个体不仅要与自然和谐相处，同时还需要在社会环境、生活环境、工作环境、学习环境中提高自身的适应能力，树立正确的生存观念。生存不仅指的是个体生命的存在和延续，也包括群体生命的存在和延续。个体的生存不仅是个体的存在，在满足自己生理需求的基础上，要学会满足自身的精神需求。因此，生存内在的发展包括满足自身的精神需求，同时适应社会和环境，健康、愉悦地生活，成为对社会有用的个体。

从生存发展的理念来看，生存教育意味着以提升个体的社会适应能力为最终目的，使个体生命以健康、愉悦、友善的姿态存在。

生活教育意味着引导和教育个体在日复一日、相同却又不同的生活中，学会热爱生活，了解并有意探寻自己生活的意义。个体需要在生活中获得正确的生活观和价值观，理解生活、生命的最终价值和最终目标。在过程中为个体树立终极的生活意义——幸福生活，为个人、社会甚至人类的幸福生活而努力，理解生活中不仅仅有物质，精神世界同样重要。个人生活是生活的重要组成部分，社会生活同样是个人生活的重要组成部分；工作生活、职业生活、学习生活是个体谋生的手段。生活中美好的品德和习惯是个体生存的重中之重，感恩自己、感恩他人、感恩生活，拥有感恩的心，让个体在学会感恩后体会更多主观幸福感，获得更多责任心，更愿意付出，为了未来的美好生活努力，同时为群体的生活奋斗。引导个体进行正确的社会比较，生活不仅是物质生活的进步，更是精神世界的发展。生活教育的重点是能够从个体的生活出发，理解个体的日常生活，以个体的生活为载体，在日常生活中融入世界观、价值观，最终将目标引入人类群体的幸福生活、人与自然的和谐发展。

生活教育是对生活的教育，是以个人生活作为基础的引导，因此形式更加灵活多样，同时需要教育者更加注重实践，贴近个体的实际生活，一切教育以落脚于生活、融入学生的生活为目标。生活教育的形式不是千篇一律的，而应该是贴近生活、充满乐趣、引人入胜的，教育形式灵活，教育过程是潜移默化的。生活教育强调教育是一个漫长的过程，但是一旦发生变化将会对个体的生活产生重要的影响，生活教育的本质是一个量变引发质变的过程。生活教育的使命是通过真切的情境感受、领悟生活，在个体追求自身生活真谛的过程中，引发个体对生活的思考和感受，最终能够成为对社会有用的个体，并且能够为全人类的幸福生活做出自己的贡献。从这个角度来看，生活教育不是狭隘的教育，也不是针对某一个体的教育，而是为了人类生命共同体和生存环境共同做出的努力。生命教育强调的是真、善、美，深入个体的生活中，不仅传播知识、价值观，而是使个体学会享受生活的美好。

二、国内对于"三生教育"的探索

张显国认为："'新三生'教育旨在引导学生正确处理人与自我的关系，让学生活着、活好、活出价值，树立正确的生命观；引导学生正确处理人与社会的关系，让教育着眼于学生生活实际，使教育融入生活，培育学生正确的生活观；引导学生正确处理人与自然的关系，尊重自然生命，开展生态教育，形成正确的生态观。"①

李宇红认为："教育的使命就是努力培养孩子成为一个'珍爱生命、学会生存、感受生活'的人。为此，教育工作者要做好养根的事业。构建'三生教育'精神内涵，落实三生教育的主题和目标；结合各年级学生的心理生理特点，通过'生命、生存、生活校本课程'的建设，让课程成为孩子全面发展的养料。"②

赵春红认为："以学生的生命、生存、生活为内容的'三生'教育，是新形势下全面体现'以人为本'的一种教育模式，这种本真的回归教育法可以帮助学生树立正确的世界观、人生观和价值观，使其真正成为新时期国家和社会所需要的合格人才。"③

王飞实认为，实施"三生教育"对培养学生生命理念、生存能力与生活观念的基础素质有着重要的作用。生命教育的实施是学生基础素质培养的前提，生存教育的实施是学生基础素质培养的关键，生活教育的实施是学生基础素质培养的保障。应形成由生命教育实施、生存教育实施和生活教育实施"三位一体"的三生教育实施模式，形成全方位、多层次、多角

① 张显国.构建"新三生"教育整体育人模式[J].中国教育学刊,2020(02):103.

② 李宇红."三生教育"厚植"根的事业"[J].基础教育论坛,2019(21):35-37.

③ 赵彩红."三生"教育:当代大学生思想政治教育的新内容[J].山西青年职业学院学报,2010,23(1):45.

度的学生基础素质培养体系①。

三、"三生教育"实践探索反思

"三生教育"在当前的教育领域并未得到足够的重视，当前教育强调培养学生的综合素质和核心素养，但是教育想要有所突破，需要对教育观念的核心进行突破。传统的教育思想中，"三生教育"并未被提升到足够重视的位置，由于应试教育的影响，"三生教育"一直处于从属位置，相关的实践开展有一定的难度。

"三生教育"一直流于形式。在学校教育中，开展"三生教育"的过程中存在许多需要调整和更新的内容。比如，有的教师只是口头讲述"三生教育"，"三生教育"的关键在于贴近生活、实践为主，因此口头表达的方式很难使学生能够真正地感受到"三生教育"的真谛。备课过程过于简单，可能只是通过简单的案例讲解，对"三生教育"的概念进行分析，并没有进行更深入的研究，在具体的教学实践中流于形式。

"三生教育"缺乏专业的师资力量。师资力量是影响三生教育教学效果的重要因素，如教师对三生教育的理论和实践认知水平整体不高会对三生教育的效果产生影响。这是一个相对普遍的问题，教师对理论研究得不够深入，对实践的感受相对不足，这些都会对教育教学效果产生影响。

四、"三生教育"策略探讨

"三生教育"应该何去何从，我们在具体实践和应用过程中可以从哪几方面入手呢？

首先是学校教育。对于个体来说，在学校受到的教育和影响是十分重要的。针对学生所处的年龄阶段，对学生所经历的生命历程进行深入的理解和分析，根据学生的特点进行规划和指导，采用更专业的方式对学生进行引导。

其次是家庭教育。家庭是对个体生活影响最多的地方，良好的家庭氛

---

① 王飞.大学生"三生教育"实施三维论[J].昆明学院学报,2009,031(003):2-3.

围是好的起点。良好的家庭价值观能够帮助个体在生活中学会反思，从而对生命有更多的感悟。家庭中发生的教育和引导过程完全不同于学校，因为在家庭当中，对个体产生的影响发生在每时每刻，是潜移默化地对个体的思维方式产生影响。家长不仅要让孩子感受到真实的生命，同时要让孩子掌握生存的技能，强化应对的意志品质。在与孩子沟通的过程中保持耐心，将"三生教育"的核心观念贯穿于日常的沟通和交流中，能够以一种权威与民主并存、平等交流的方式和孩子沟通，帮助个体对生命进行深入的思考。

最后是社会教育。个体生活在社会中，在"三生教育"的实施过程中，社会层面的引导必不可少。社会教育能够让"三生教育"的理念更加落地，强化教育途径的实践性。通过整合社会资源，请社会中各行各业的专业人士走到学校中来，为学生带来专题讲座，为学生讲解有关于生命和生存的真实经历。同时，引导学生走出学校，拓展学生的学习空间，在社会中学，学习各行业的生存本领。社会公益组织可以发挥自身的力量，为个体的生命教育带来切实的帮助和提升。

第二节　生命及生命特点

一、生命的定义

在地球漫长的发展过程中，生命的出现可以称得上是最伟大的奇迹。在宇宙进化过程中，自然出现的自我生长、繁衍、感觉、意识、意志、进化、互动等现象都称之为生命。广义的生命包含人类、动物、植物等，还包括可以进行自我复制和繁衍的真菌、细菌、氨基酸结构等。未来随着科技的发展和人类的进化，假如人工制作的个体能够产生足够复杂的结构，也可能被纳入生命的范畴，如许多科幻电影中出现的人机混合、人工智能成果等。狭义的生命指的是具有能量代谢的功能，能回应刺激及繁殖的开放性系统。

生命之所以能够维持，是因为能量的存在，能量是生命的基础。生命依靠能量得以维持，产生基因的变异，并在过程中发生了进化，适者生存、优胜劣汰。生命本身是一个过程，我们发现的每一个生命体，不仅仅是生命的载体，这一事实使得对生命加以定义更加困难，因此至今没有关于生命的统一定义。

生命体承载着生命，而生命是目前一切人类活动的前提。因此生命是一切的基础，也是未来发展和进步的希望。各个领域对于生命的定义不尽相同，《辞海》对生命的定义，考虑到生命的生物学基础以及遗传学的理论基础："生命是由高分子的核酸蛋白体和其他物质组成的生物体所具有的特有现象，能利用外界的物质形成自己身体和繁衍后代，按照遗传的特点生长、发育、运动，在环境变化时常表现出适应环境的能力。"恩格斯从生物学的角度对生命进行了阐述，他认为："生命是蛋白质的存在方式，这个存在方式的基本因素在于和它周围的外部自然界不断新陈代谢，而这种新陈代谢一停止，生命就随之停止，结果便是蛋白质的分解。"从法律的角度看，生命是个体从出生到死亡的进程；从医学的角度看，生命是指生物体处于活着的状态。哲学家认为生命是物质的，文学领域关于生命的概念更加丰富，常通过各种文学形式探寻生命、赞美生命。

那么人类的本质是什么呢？马克思在对生命和人类本质的探究中说道："人的本质不是单个人所固有的抽象物，在其现实性上，它是一切社会关系的总和。"从辩证唯物主义的角度，马克思对人类的定义进行了探究。既然是社会关系的总和，那么人类个体不仅包含躯体的自然属性，同时还包括社会属性。马克思认为在自然属性和社会属性中，社会属性是人的本质属性。因此，人类本质的定义包含社会属性和自然属性两个部分。不管是从遗传角度，还是从人类的生命角度来看，人类与自然界中其他生命个体是一样的，都有出生、成长、死亡等过程。从哲学角度来看，人类的生命又包含了丰富的精神内容和社会关系，不仅仅是出生到死亡的自然过程。

对于生命的意义，每个人的态度不同，我们认为生命观就是每个个体对于自我生命和其他生命之间差别的根本认识，是个体生命中每一种感受和情感的出发点和基础。生命不仅仅是自我和他人的生命，还包括其他物种的生命。生命观是个体价值观的重要组成部分。个体由于基因遗传的差异、所处环境的差异，有着完全不同的人生历程，因此在人生旅程中将会产生各种各样不同的对生命的理解和认识，产生不同的生命观。生命观包含许多内容，我们将从四个方面探索。第一，是个体的生命意识，是个体在存在的过程中对出生、存在和死亡的理解。第二，个体在生活中对生命的态度不同，每个人生命的意义不同，方式千差万别，因此个体为什么活着、为什么存在、将如何对待自己的生命，都是包含在内的。这里的生命包含自我的生命态度，也包含如何看待他人、看待其他物种的生命。第三，个体生存的价值是什么？个体对自己存在能够产生的价值的主观判断是不同的。这里面包含了我们所说的人生理想、对于生命的理解。第四，个体如何对待生命中的挫折，能否在面对挫折时积极应对，能否获得健康快乐、积极智慧的人生，能否建设和谐的生命，也是生命观重要的议题。

二、生命的结构

人类生命包含了自然和社会两个部分。生命作为复杂的群体，是由各种元素组成的生物体，同时是由相关关系组成的特殊形式。就生命的发展来看，人类自然生命等同于躯体生命，同时还包含精神生命和社会生命。可见，自然生命、精神生命和社会生命三个部分共同构成了个体的生命，完整地拼接成自然个体。

生命是自然存在的。每一个生命都需要必不可少的物质基础，这一物质基础与自然界中的其他生命和物种是共有的，假如没有物质基础，生命将失去载体，脱离了载体将没有生命的存在。人类文明中常常将失去躯体的生命神化为幽灵和神灵等，但是这都只存在于文化和精神世界。

人类不仅有躯体，还有思想和其他的意识，这就是"人能够有意识支配自己的生命活动"。生命是精神性的，我们所说的精神不仅包含个体的独特认知，还包含激情、愉悦、意志品质等宝贵的主观感受，是理智与情感的融合。精神层面的内容并不是自觉自发、自然而然地从肉体中生发出来的，而是在人类的发展和成长的过程中，通过与他人的互动和环境的交融，在矛盾和融合中发展而来的。精神世界的出现离不开个体作为社会角色与他人的互动。因此，个体作为精神个体，不仅是抽象的个人，还是各种社会关系的总和。

人是存在于社会中的个体，社会是个体的存在。因此，个体的生命在我们看来有三个层次：第一层次，我们认为是自然生命和肉体生命的融合；第二层次，我们认为是肉体生命和精神生命的融合；第三层次，是建立在肉体生命、自然生命以及精神层面基础上的社会生命。精神生命作为介质，使得个体冲破肉体生命的束缚，将个体的躯体与社会相联系。人类就是在这样的过程中发展而来的，三个层次的生命相辅相成、缺一不可，在个体与自我、个体与自然以及个体与社会的交互中获得发展。

（一）自然生命

个体的存活依赖于躯体。我们在日常生活中与其他个体进行互动和交流，首先需要与个体的躯体进行互动。自然的生命是个体存在的方式，需要物质基础，肉体生命承载着人类进化千百万年以来的记忆，是个体存在的尺度。作为肉体的生命，人类个体就像大自然中千千万万的生命一样。因为精神层面的发展，人类又是特殊的自然生命。人类在进化的过程中不仅获得了其他物种没有的遗传特点，同时在个体成长和发育的过程中，也有更多释放本能、自我成长的空间和自由。个体对自我生理性认知的超越，意味着精神层面的提升。因此，人的生理性成长不仅是自然过程，同时是精神世界的结果。个体有权利决定自己生命的发展方向，根据自己的自主意志决定成长的方向。人的意识和思想是个体与其他动物的根本区别，个体克服了动物的本能，实现了自我的发展，在支配和超越中达到自我实现。

（二）精神生命

意识使人类生活冲淡动物自由的本能，成为一种自足的精神存在。"精神"与人体相反，是与"思想""意识""灵魂"一致的。精神可以在多个层面上进行探索，比如从人类的角度来看，精神主要表现为人类的精神世界；从群体的角度来看，精神是群体的共同信念和凝聚力，被称为群体精神（包括民族、国家精神）；从个人角度出发，精神不仅是个体独一无二的信念，更是对个人存在意义的诠释。精神层面有很多内容，但是精神世界要达到的最终目的是获得更丰富的内在世界。当每个个体从个人的角度思考人类的本质时，谈论的一定是个人的主观感受，精神就是个人的内在反应和投射；从认知角度看，每个个体都有回忆、抽象和想象等各种能力；从情感角度看，每个个体都会体验到美好的感受和痛苦的感受，产生主观体验和主观的欲望，个人意志也是不可或缺的部分。由于精神的存在，人类区别于动物，在有限的生命中获得更多的自由。因此，哲学家一直将精神世界作为人类生命的本质。海德格尔认为："世界永远是一个精神世界。动物没有世界，周围也没有环境。"赫歇尔认为人性与精神是共通的，假如个体缺乏精神世界，将缺少人性，人类群体面对的最可怕的事情，就是我们忘记了人类与动物之间的区别。生命是一个复杂的有机整体，个体不能否认人类精神世界的存在，人类的精神生命同样不能否认自然生命的存在。自然生命和精神生命对于人类来说同样重要、缺一不可。

（三）社会生命

个体处于各种"社会关系"中，并在关系中扮演相应的角色、承担相应的责任。个体存在于社会中的依据是人有相关的内在思维，能够处理社会关系，同时能够超越个体本身的普遍性。个体的生命及其活动都是社会的存在、是社会生命的作用，假如个体无法正视和理解社会环境以及社会关系对于个体自然和精神生命的制约，将无法理解生命本质，也就不能通过合适的方式解释和理解自己的冲动和本能，在有限的生命中感受生命的自由。假设个体不能通过自己与他人、社会的关系获得思考，只单纯强调精神世界，是不利于个体生存的。单纯地思考精神世界，会破坏人与人之间的关系，最终破坏个体的关系圈，最终失去自由。因此，个体在进行精神层面的思考时，关系中的自由永远是相对的，而社会秩序的存在是个体享有基本自由的保障。只有个体从个人的主观世界走出来并进入公共领域之后，在公共空间获得成长和进步，才能从一个自然的个体成长为一个社会人和契约人，个体才能够承担相应的责任和角色，拥有相应的义务，了解自己在社会中的角色，领悟到自己精神生命和肉体生命的关系。

无论是个体的自然生命、精神生命以及社会生命，都是生命中的重要组成部分，每一种生命都是个体发展过程中必不可少的一部分。其中的每一维度都是息息相关、相辅相成的，他们共同组成了个体的生命，这就是个体生命的全部内容。

三、生命的特点

个体存活的本质是拥有生命，生命是上天给予我们最重要的礼物。在生命研究中，生命不仅是被观察和分析的研究对象，每一个生命都是独一无二的、具有鲜活生命力的。在研究的过程中，如何挖掘和探索人性中最美好、最有力量的部分，让个体在成长过程中充满善意和美好，富有正义感，是生命研究的重要目标。因此，直面生命和生命的研究是富于个性化的，尊重个体的差异，是生命研究的新潮流。

个体的生命是复杂并且充满矛盾的，由多重关系组成。肉体与灵魂、精神与理性、有限与自由等，都是个体需要面对和处理的矛盾，包含了个体自然生命的需求和个体进入社会后成为社会个体的需求，只有处理好这些矛盾个体，才能形成真正的统一。个体本我的需求需要被满足，同时个体的超我又在限制个体的行为。自然生发的需求与社会标准的要求之间的矛盾一直交替出现，并成为个体亟待解决的问题。在问题解决的过程中，获得生命的成长和进步，推动生命发展。个体的生命只能在不断出现矛盾并且在解决矛盾的过程中层层的推进。

个体对于生命的理解取决于个体的个人经验和个人生活，正是生活中出现的一个又一个的矛盾，促成了个体的发展，最终成就了独特的个体。

（一）生命的完整性

过去对于生命的研究将个体理解为单纯的自然人、精神人，以及社会层面的人，都是片面的。个体是三者的有机统一，将个体片面地理解为任何一种单一的个体都是对生命完整性的漠视。每一个独特的生命都是完整的，他们包含肉体和思想，同时也有物质的需求和精神的需要。就是在这样的矛盾往复中，我们对个人的生命产生了更加深刻的理解。个体生命中的矛盾不是相互对立、不可调和的，而是在矛盾的发展过程中形成崭新、统一的个体，矛盾的任何一方缺失了，另一方都将不复存在。生命过程中的完整不完全等同于完善。完善指的是对于质的追求，而完整是量变引发质变的基础。生命在发展的过程随着社会经历的丰富逐步获得完善，但是任何阶段的生命，都是完整的。个体在对生命进行研究的过程中可以对生命进行分解，但实际上在理解生命的过程中，一旦脱离了生命的完整性，生命就不再称为生命，仅仅是肉体支撑，人的精神价值将无所寄托，也不再成为个体生命的一部分。

因此，对于生命的认识必须建立在完整解读生命的基础上。生命最终是否能够获得完善和幸福，是由生命的三个重要组成部分共同决定的。肉体生命的延续是生命完整的基础，社会生命的拓展是幸福生命的重要指标，精神生命的富足则是千百年来人类长久的追求。

（二）生命的自主性

个体的生命具有不确定性，这同时意味着每个人的生命都具有不同程度的开放性。自然和社会不做出任何决定，而只是在个人与社会和自然交互的过程中，帮助个体成为不确定的个体。因此，个体有责任也有义务帮助自己，成为真正的自己。面对不确定性，每个人最终成为"谁"只能由自己决定，个体正是通过发挥主观能动性，促进了自我的发展。因此，人的生命具有自主性，由自己创造和决定。从这个角度来看，个体的生命是自由的。任何对生命的过度压抑和控制、对生命本来样子的拒绝，都忽视了生命的自主性。

（三）生命的超越性

个体的肉体生命是有限的，个体都要将追求无限作为最终目标。生命是现实的，但个体需要在对未来的追求中，一步一步改变现实。个体在矛盾和否定中，实现了对生命与自卑的超越，个体渴望超越，渴望获得更多成就，渴望超越个体的本然肉身的存在，渴望个体所处的现实，渴望超越个体生命的有限性。正如《自卑与超越》一书所说，生命是在不断地进步和超越中获得了新的人生，形成了崭新的自我。因此，个体的生命具有超越性的特征。曾有哲学家说过，个体只有自己能够超越自己。他认为人类的本质就是一种超越——超越的姿态、超越的态度，而个体不断成长和发展的过程，实际上就是一种超越，生命不息，超越不止。

（四）生命的独特性

生命是独一无二的，正如世间没有完全相同的两片树叶，世间也没有完全相同的两个人。即使是同卵双生的双胞胎，具有相同的遗传基因，在后天的发展过程中也会因为环境、教养方式、经历不同，使得两个个体有不同的发展，形成不同的两个人。无论是从时间角度还是空间角度看，每个个体都以其独立的姿态活着，是无可替代、绝无仅有的。只有理解了生命的独特性，个体才能更加尊重生命、善待生命。

第三节　生命教育探究

2010年7月，教育部颁布了《国家中长期教育改革和发展规划纲要（2010—2020年）》。其中明确提出了要在教育中帮助学生"学会生存生活"，要"重视安全教育、生命教育、可持续发展教育。促进德育、智育、体育、美育有机融合，提高学生综合素质，使学生成为德智体美全面发展的社会主义建设者和接班人"①。国家教育改革中再一次强调了"生存教育"和"生命教育"的重要性，开展生命教育刻不容缓，成为国家教育发展的战略决策。

一、生命教育的含义

对于生命教育的本质，有各种各样不同的看法，但是目前并未出现一个相对一致的结论，当下主要有以下三种观点被学界认可。

第一种观点认为，生命教育体系的建构是生命教育中最重要的部分。生命的特征是生命教育的基础，进行生命教育的基本原则是遵循生命发展的基本规律，以学生的学情为基础，通过选择适合学生的教育方式，让学生对生命产生更多的思考，认识生命的意义，探索生命的价值，开发潜能，走向幸福生活。教育工作者需要关注生命的综合发展和整体素质，使个体获得全面的发展，获得有活力的生命，能够在活动中获得健全的人格、健康的身心，通过创造力开发独创行为。生命教育不仅要重视个体身心健康的培养，同时要重视个体人格的完整建构，重视健全人格的培养，这是由生命教育的哲学基础决定的。

第二种观点认为，生命教育的本质是探寻个体独特生命的本质，尊重个体，使得个体活得有尊严、有价值，在发展的过程中注重个体的整体发

---

① 赵紫芮.我国终身教育体系构建政策的成就、问题与建议——基于《国家中长期教育改革和发展规划纲要（2010—2020年）》实施十年的思考[J].成人教育,2021,41(01):8-10.

展以及综合素质的培养，发展和谐的生命。因此，生命教育必须把握以下三个维度：个体的发展、个体与社会间关系相互协调发展；个体基本物质需求和精神需求相互统一发展；个体对于自身生存价值和存在意义相互统一发展。生命教育需要回到生命的最初，探寻生命根本的价值，激发个体的生命力，每个人都能成为真正的自己是生命教育的最终追求，关怀和爱是生命教育的主题。每个个体独特的生命叙事，是生命教育帮助个体获得独特性的方式。

第三种观点认为，生命教育的具体实施内容是生命教育最重要的部分。学校生命教育使中小学生的人格得到全面发展，学校生命教育是指以学生的生命力为基础，关注学生生活，遵循生活发展原则，旨在帮助学生形成健康的生活态度。重视个人生活的教育必须从尊重生活开始，感受生活、追求价值。

生命教育共分为三个层次，分别是生命价值升华教育、生存能力教育和生存意识教育，三个层次的内容相互渗透、相辅相成、密不可分。我们认为，只有在这三个层次同时发展的过程中，个体的生命教育才能得到有效的发挥，形成有机的统一整体。生命的内涵包括了实践、知、情、意、行，通过实施相应的发展策略，生命教育会达成珍爱生命、自我发展、自我实现的目标。

总之，生命教育的本质是对生命最终价值的追求。在对生命教育进行探索的过程中，发掘生命教育的新定义。生命教育涉及价值、关系、认知三个层面。生命教育是对生命价值的追求，同时是对教育价值的追求，核心是生命。因此在进行生命教育的过程中，应该从个体生命的核心特征以及生命需求的理论出发，探讨生命教育的真正意义。生命教育的关键在于对个体生命的关注。每个个体存在的方式不同，教育者应努力理解生命、珍爱生命、尊重个体之间的差异、敬畏生命，帮助学生认识到自己生命的宝贵，尊重与他人生命的差异。同时，将生命价值的理念拓展，能够与大自然和谐相处，珍爱地球环境，建立和谐社会。对于出生、死亡、存在进行深刻的探索，并且通过真善美的教育教导，净化个体的心灵，从而使个体获得人格的全面构建。

概括而言，在研究和实践中，"生命教育"逐渐形成了三种含义。

第一，狭义的生命教育。狭义的生命教育指的是从现实出发，面对儿童、青少年遇到的困境和难题，探讨生命教育中如何进行辅助治疗。当下存在的生命教育的困境，包括个体的自我伤害、对他人的伤害、物质成瘾、物质滥用等。纵观已有的生命教育历史，欧美国家的生命教育大多起源于此，而这就意味着生命教育出现的本质是预防和治疗。针对儿童、青少年出现的问题而实施的生命教育，本质上是权宜之计，见效快，但是治标不治本；面向的群体只有问题个体，而非面向每一个个体。这样的生命教育是为解决社会问题出现的，并不是从个体特征出发而出现的。

第二，中义的生命教育。中义的生命教育指的是面向每一个个体发展的生命教育，目的在于发展生命的完整，从个体的需要以及生命发展需要出发，思索未来。对个体的发展进行设计和思考，拓展推广成为全体的教育。人生三问对中义的生命教育进行了概括：第一问，你为何存活在这个世界上？第二问，你该如何活着？第三问，你怎么样才能活出精彩的生命？生命教育包含相互关联的几部分，人格完整性的建构、深度的思考和反思以及对于未来的关怀和实践，三者联合构成了完整的生命教育。

生命教育的探讨过程要遵循生命的发展规律和特性。生命教育的目的是探寻生命的真实、生命的美好，要求以个体生命发展作为基点。为了生命进行教育是生命教育的导向，这个过程强调了生命与教育之间的关系，认为生命才是生命教育的核心。

生命教育不仅是教育追求，同时是高站位的生命思考，培养学生对于所有生命的感受和关怀，关注自然环境、关注社会、关注群体，大的价值观和架构对于学生思考问题有指导意义。存在问题的学生可以获得更加开阔的视野、更加通畅的想象，缓慢调节，却能根治问题。

第三，广义的生命教育是指把生命教育作为一种深刻的价值观，根植到个体的思想观念中。传统教育由于受到快速发展的社会的影响，将个人需要放在了次要的位置，把社会压力前置。因此，广义的生命教育理论认为，教育应该回归到人，回归到以人为本的状态，回归到生命中去。教育的对象是人，目的也是人——为了提高生命质量、为了更好地生活而进行的教育活动，这是以人为本的终极实践，也是社会当中对于生命关怀的重要组成部分。

三种生命教育都有其合理性，都有其存在的意义和价值。首先，狭义的生命教育面对的是生活中出现的现实难题和困境。狭义的生命教育能够快速解决现实问题，但基本上治标不治本。另外，狭义的生命教育并不是针对全体个体进行的教育，仅仅对于出现问题的学生起到疗效，因此它属于针对负向内容进行的教育。同时我们应该意识到，解决问题并不是最关键的步骤，发掘问题产生的原因才是关键。

广义上的生命教育是哲学角度的教育，它是以关怀生命为基础、以生命为导向的教育。广义的生命教育概念相对模糊，实践起来具有一定困难。

中义的生命教育相对于狭义的生命教育和广义的生命教育来说，更契合实际，能够从生活实践出发，能够对个体的生命教育进行整体、合理的设计，帮助学生认识生命、理解生命，发掘生命的力量，了解生命的价值和意义，在生活中维持和发展生活的技巧，获得谋生的技能，有意识地帮助个体发挥主观能动性，创造生活，实现生活的价值。

三种生命教育层次、含义、应用范围不同。狭义的生命教育，像西药，见效快，却治标不治本。当生命出现问题时，我们可以采用西药，快速起效。中义的生命教育就像中医，见效比较慢，应用的范围却很广，从根本上解决生命中出现的问题。广义的生命教育对个体的生活和思维方式进行引导，在个体的思维方式中植入生命教育观念，发挥个体的主观能动性，获得生命的力量和意义。相比较而言，中义的生命教育的应用范围和对象与学校教育更加匹配。

二、生命教育的发展历程

1921年，伟大的教育家A.S.尼尔创办了夏山中学。在夏山中学创立之初，尼尔提出了生命教育的早期概念，他认为生命教育要基于每个个体的独特经历，因材施教，努力让独特的个体得到最自由、最适合的发展方向和空间。尼尔关于生命教育的思想是以儿童和青少年为中心，围绕学生的独特性发展学生的需求，不是让学生适应学校，而是了解到每个学生由于其基因和生长环境的不同，拥有不同的生命需求，努力创造一所能够适应学生特点的学校。尼尔的教育思想做到了尊重生命，这是生命教育的最初起源，但是这一观点并不完全等同于是生命教育。生命教育真正出现是在第二次世界大战以后，针对生命发展当中出现的问题进行思考和探究。二战中欧美国家普遍受到了战争的创伤，在战争中个体学会了更加珍惜生命和爱护生命。二战以后，欧美国家社会经济得到迅速的发展，个体的物质生活得到了极大满足，与此同时精神世界却出现了极大的空洞和匮乏。在青少年群体当中，问题更加严重，自伤、他杀、滥用毒品等问题屡见不鲜。教育家开始反思究竟是哪里出现了问题？基于此，研究者决定开展教育研究和实践，目的在于解决青少年群体出现的问题，培养青少年珍爱生命、尊重生命的意识。

（一）最早实施生命教育的国家

美国是世界上最早实施生命教育的国家。由于特殊的社会环境，20世纪20年代，美国以死亡作为议题，引导个体探索和关注生命的最终议题。以死亡作为议题意味着个体需要直面死亡，实际上，以死亡为议题的生命教育意在帮助个体树立正确的观念——认识出生和死亡，树立正确的三观以处理生命中的挫折，最终实现生命价值。

1968年詹姆斯·华特士第一次提出了生命教育的概念。基于此，他在加州创办了历史上第一所以生命教育为主题的学校——阿南达智慧生活学校，在教学过程中倡导华特士所提出的生命教育的理念。教育不仅是让学生在社会上谋得职位、在知识上取得成就，而是要引导学生体会自己为何要存在于这个世界上、想要获得什么样的人生。因此，这所学校课程的主要内容是帮助学生思考自己要获得什么样的人生，体会人生的意义和价值，在面对挫折和困难时勇敢面对。1968年，华特士对自己创办学校、践行生命教育理念的经验进行了总结和回顾。他在书中提到，生命教育的确有它独特的意义。在生命教育的过程中，每个个体都能够了解自己的基本特点、本质属性，并且在此基础上发展自我，做好充分的准备，面对人生中的挫折和挑战，让身体和心灵成为共同对抗挫折的力量。此后，凡是以生命教育理论为基础创办的学校，统称为生命教育学校。

纵观美国的生命教育，已经形成了较为完备的体系。美国的中小学将生命教育目标概括为四个方面：第一，生命教育应该帮助学生成为一个全面、均衡、适度发展的个体；第二，充满耐心和关爱的校园环境和校园文化是生命教育必不可少的；第三，生命教育需要帮助学生了解生命的宝贵和生命的意义，并不断追求和创造新的价值；第四，生命教育要帮助学生学会在生活当中获得知识、实践知识、关心他人、创造财富、努力生活。

美国生命教育开展的内容主要包含如何面对死亡，如何形成珍爱生命的人格和品质，如何获得健康的和有力量的生命，如何调节自己的情绪、张扬个性、尊重差异，如何在生命当中勇敢迎接挫折和挑战，如何建构适合自己的环境等。虽然以上内容不是直接以生命教育命名，但是其内涵和本质都是从生命教育的理论中衍生出来的，与生命教育息息相关。

（二）生命教育中心的建立

1974年，特德诺夫斯第一次在澳大利亚提出了生命教育的概念。诺夫斯在澳大利亚工作期间长期与滥用毒品的个体共同工作，在辅导他们的过程中研究帮助青少年有效地戒除毒瘾、回归正常生活的方法，他的研究重新唤起青少年对于生命的尊重和热爱，发现生命的价值。1979年，他创立了澳大利亚第一所生命教育中心，目的是帮助青少年重新发现生命的价值。

在此基础上，澳大利亚的生命教育得到了迅速的发展。澳大利亚的生命教育主要由非政府机构——生命教育中心组织和开展。生命教育中心坚信，只有让每一个个体成长于充满能量和希望的环境当中，才能帮助个体发现生命的价值，重新获得对未来的希望，远离毒品、暴力等不利的因素。因此，澳大利亚生命教育中心倡导在日常的教育和生活中培养青少年自主选择和发挥主观能动性的能力。生命教育中心在生命教育发展过程中起到了重要作用。首先，生命教育中心与澳大利亚各大中小学建立了长期的合作关系，定期到学校与青少年沟通，为在校教师提供生命教育手册，培养在校教师的生命教育理念，使教师能够用生命教育的理念更好地理解学生、帮助学生、支持学生。同时，生命教育中心发现家庭对于每一个个体都有重要影响，于是鼓励家长参与、开展家庭论坛，在论坛中倡导家长配合学校，与学校共同为孩子营造充满能量的正向环境。此外，生命教育中心还引导社区共同营造健康环境。正是由于生命教育中心的良好示范作用，相关的课程都得到了学校和家庭的支持。这种全方位立体大环境的塑造，为生命教育的落地起到了非常好的促进作用。

澳大利亚政府非常重视生命教育,将生命教育的重要性提到了国家的高度,强调每一个个体的生命不仅属于个人,同时属于家庭和国家。这就意味着如果个体不能够做到尊重自己的生命、珍爱自己的生命,就是对家庭和国家的不负责任。各大媒体平台中,国家经常通过公益广告的方式,向公民宣传生命教育的信息,教育青少年对自己的生命负责,家长也要起到教育和引导的作用,引导个体珍爱生命,积极发展能力,为社会做出自己的贡献。

(三)全人培养与全人关怀的生命教育

1986年,英国王室的查尔斯王子关注到了生命教育的重要性和有效性,在英国建立起了第一个生命教育中心。1988年,英国政府通过出台教育法案,规范学校和家庭教育。该法案认为,学生的道德品质、文化程度以及未来发展都是学校应该着重考虑和培养的。学校需要提供能够帮助学生未来发展的课程,学生能够在学校获得未来进入社会与他人相处、沟通、承担责任以及抓住机会做出选择的经验。1990年,英国政府开始在学校开设各种跨领域课程,包括生涯教育、经济和工业认识等一系列课程。跨领域课程实际上传递了英国政府对于生命教育的重视,通过开设生命教育课程,英国开始建立以公民教育为主的教育体系,建立了更加注重公民与个人的发展、公民与社会关系以及公民身体健康的生命教育体系。生命教育被英国正式纳入学校的正规课程,成为国家教育当中的重要一环。

英国的生命教育普及到国家的各个阶层、民众,是名副其实的全人培养。在此过程中能够关怀每一个个体,以个体的道德发展、文化水平、社会关系等综合素质作为发展目标。英国的生命教育体系将目标分解成两个部分,第一部分是个人的身体健康和主观幸福感,第二部分是个体的社会化发展与社会关系。

首先,为了个体的身体健康和主观幸福感,个体要积极地从生理、心理两个角度了解自我,保证个体的身心健康,在生活中具有独立精神和承担责任的意识,能够深入地挖掘自己的潜能。英国政府相信生命教育培养出的个体不仅拥有健康的身体,同时拥有完整的心理结构,对未来充满希望。

其次，个体的社会关系和社会发展要求个体在学校学习的过程中，学习文化知识、掌握社会技能，学会如何在社会中适应生活、适应群体，在群体中找到属于自己的角色。个体能够发展自我、服务他人，在发展自我的过程中为社会贡献自己的力量。

主辅结合的课程体系逐步成为英国生命教育的主要方向。主辅结合的课程体系指的是以公民教育课程为核心课程，并以个人与社会关系、个人身心健康作为辅助课程。英国的公民教育在促进个体发展的同时，帮助个体实现自我价值，使个体在进入社会之后，成为有责任心、有担当，并且对其他生命充满关爱的公民。在英国的生命教育体系中，公民教育包括个体对生命的探索、自我价值的体验、个体生命与他人生命之间关系的处理、个体与社会及自然环境之间的关系等多个部分，目的在于帮助学生发掘生命的力量和价值，能够呈现真实的自我发展，在进入社会后成为一个能够为社会做出贡献的好公民，并且最终获得自我实现。

三、中国生命教育发展历程

20世纪90年代，欧美国家的生命教育传入中国香港和台湾地区，在发展的过程中取得了相应的成绩和进步。香港和台湾地区生命教育在已有经验的基础上，生命教育研究者、民间工作者、民间团体的实践者、政府相关部门都对中国的生命教育进行了本土化的实践和研究。

1994年，中国香港为了给青少年提供正面、积极的教育课程，防止毒品以及各种药物的滥用，提出了"生活教育活动计划"，这一计划被视为香港生命教育的起点。从生命教育系统的发展来看，1996年，香港第一次在学校正式课程中纳入了"生命教育"的课程，标志着生命教育正式进入学校的正统教育。纵观香港的生命教育体系，涵盖范围广泛，包含个体的主观情绪、身心健康、未来发展、个体自我价值等领域。香港的生命教育的目的是培养青少年成为有能力发掘自身力量，有勇气和意志面对生活挫折，拥有未来胜任社会工作能力的人才。香港公民教育中与生命题材相关的话题反复出现，这能够让青少年更好地发掘自我的力量，认识自我、肯定自我，并且实现自我。

　　台湾地区生命教育研究者对台湾地区生命教育的历程进行了回顾和总结。张振成认为，台湾地区生命教育的四大源头为：青少年出现了青春期的各种问题，物质滥用情况明显；社会弥漫着功利主义，严重影响到了教育界；社会失序，严重影响到了社会结构和社会秩序；亲职功能不足，家庭关系、社会关系不和谐。在这样的背景下，研究者于1997年提出了生命教育概念，同年底台湾地区教育界启动了生命教育实施计划，委托学校对生命教育的理念进行设计和整理，并开发生命教育课程。在此基础上，推动学校对生命教育课程的实施，培养开展生命教育课程的师资力量。1998年，生命教育在中国台湾学校上线，并逐步推广开来。生命教育最初面对的对象为高中生，后由高中推及小学大学。在当时的社会背景下，台湾地区教育机构将生命教育提到教育的重要地位，在学校设立了生命教育研究中心，专门负责学校生命教育课程的开发、师资力量的培训以及学生情况的反馈。

　　20世纪90年代开始，生命教育被中国内地接受，并逐渐成为热议的话题，主要经历以下四个阶段。

（一）生命教育的本土化探索

　　20世纪90年代，基于对中国教育界已有问题的反思，叶澜提出了生命教育的理念，并对生命与教育之间的内在关系进行解读。她认为应从生命的层次认识课堂结构，建立新的课堂架构。这一教学观对于个体动态观念的生成、形成更高架构的思想理念具有重要的作用，以生命建构课堂能够让课堂焕发活力。1993年，张文质正式将"生命"与"教育"一词链接，提出"生命化教育"的概念并倡导实施，张文质提出的生命化教育与欧美国家的生命教育存在许多类似之处。后来，冯建军总结生命化教育是直面个体的生命："生命化的教育，在起点上，直面人的生命；在过程中，通过人的生命，遵循生命的本性；在结果上，润泽灵魂，追寻生命的意义和价值，提高生命的质量。直面生命是前提，循于生命是保证，完善生命是目的。教育只有三者协调一致，才能实现其生命的本质，才是完整的生命化教育的内涵。"①

这一阶段，国内并没有形成真正的生命教育，基于中国对悠久的教育历史进行的反思和觉察，我们称之为教育的忧思。生命化教育的出现，与国外生命教育的出现有着异曲同工之妙，这是中国教育学者对教育忧思的探索和反思，生命化教育虽然并不完全等同于生命教育，但是为生命教育的出现和发展奠定了基础，可谓是一个里程碑式的阶段。

（二）生命教育学科的兴起

2000年，郑晓江对国外生命教育中的死亡议题和中国台湾中小学的生命教育课程进行了反思和探究。他认为生命教育出现的初衷，是由于个体对死亡的兴趣和关注，而生命教育的前身正是死亡教育。中国台湾的中小学生命教育课程，为中国大陆的生命教育课程提供了许多可以参考的资料，同年台湾地区可借鉴的生命教育课堂引入大陆。台湾地区的生命教育课程中，教育方法、课程设置以及个体价值取向都有值得我们学习和思考的地方。两年后，更多研究者开始将台湾地区生命教育的积极影响和经验推广到中国大陆。冯建军发表多篇论文探讨了生命教育、生命教育课程以及两者之间的关系。无论是哲学界还是伦理学界，都从生命的哲学议题出发进行了探索，从教育的基本内容、价值取向和未来发展等部分，强调生命教育的重点在"生命"而不是"教育"。

在教育教学工作者的共同努力下，生命教育的发展进入了新的高潮。学术界将港台的积极经验汇总，同时对基本的理论和价值进行宣传和拓展。一线的实践者从实践出发，直面生死的议题，拷问生命的意义。自此，生命教育正式发展为一门学科。

（三）生命教育的实践热潮

2004年，国家颁布了《中共中央　国务院关于进一步加强和改进未成年人思想道德建设的若干意见》（中发〔2004〕8号，以下简称《意见》），国家政策的颁布、民间教育机构（如中国宋庆龄基金会等）的推动都为生命教育在中国大陆的发展起到了促进的作用。这个阶段，生命教育的理论

---

① 冯建军.生命教育的内涵与实施[J].思想·理论·教育,2006(21):34-35.

与实践相互促进、共同发展。一方面，研究者进行了深入的理论研究，相关著作争奇斗艳。另一方面，生命教育的实践交流会议、课程开发内容不断涌现。国家政策的颁布虽然并未直接提及生命教育的概念，但是其中蕴含了生命教育的核心价值观。在贯彻落实《意见》的过程中，教育主管部门、学校等开始倡导并实践生命教育。《全国家庭教育指导大纲》明确提出，"家庭教育指导应尊重儿童身心发展规律，将生命教育纳入生活实践之中。"多个省（市、区）出台了相应文件，陆续将生命教育的课程建设、理论研究提上了日程。全国各地的民间组织成立各种实践和研究基地，高校成立了生命教育研究中心。

（四）生命教育的实施战略

2010 年，国务院发布《国家中长期教育改革和发展规划纲要（2010—2020 年）》（以下简称《纲要》），《纲要》明确指出："重视安全教育、生命教育、国防教育、可持续发展教育。促进德育、智育、体育、美育有机融合，提高学生综合素质，使学生成为德智体美全面发展的社会主义建设者和接班人。"这意味着生命教育被国家提升至战略层面。安全教育与生命教育两者在《纲要》中是并行的，这意味着根据《纲要》精神，生命教育并不从属于安全教育，而是作为两个重要的部分同时被提出的。近年来，生命教育的理论研究不断深入，生命教育的实践呈现出蓬勃发展的态势。2010 年，中国人生科学学会全国生命教育工作委员会与中国宋庆龄基金会联合举办了"全国生命教育论坛"。2011 年，中国人生科学学会全国生命教育工作委员会与云南省教育厅共同举办了"全国生命教育大会"。2012 年，首届国际生命发展论坛的召开预示着世界生命教育组织正式成立，全球各个国家研究者为生命教育共同奋斗，支持更多的个体获得生命的力量，走向幸福的生活。

纵观生命教育在中国的发展，其探索令人深思，其成就值得欣慰。尽管生命教育已有多年研究和实践，取得了较大成绩，但总体来看，关于生命教育的本质、含义、目标、内容、途径、课程体系以及实践方式等，至今仍未形成统一意见，有待广大学者和教育工作者继续努力。

近十年来，我国生命教育的研究主要从三个角度展开：

（1）从现实出发，站在当下。面对国内青少年群体出现的心理危机和现实问题，从现实问题出发，试图解决已有的困境，使得学生意识到自我存在的价值，了解什么是生命，对生命和生活进行探索和思考。

（2）从不同的角度对生命教育进行理性讨论，自然主义、存在主义等领域的学者都对生命意识在教育中的意义进行了解释。生命教育对于个人的发展、社会的进步具有重要的作用。生命教育可以帮助个体追求生活的意义，探索不同生活的方式。从传统文化的角度看，中国传统文化中的道家、儒家思想，都涉及对生命教育的初步探索。从生物学的角度考虑，个体面临的生活困境，有时候需要个体建构新的生命理论去面对。

（3）将实践与理论相结合，探讨生命教育的本质。生命教育的哲学基础为生命教育未来的发展提供了坚实的基础，而实践经验匮乏的现象，提醒研究者重视生命教育中实践的发展。面对当今社会的巨大发展和变化以及中外生命教育存在的差异，教育实践仍然存在不足和狭隘，需要建构本土化的生命教育理论指导。

第四节　生命教育的重要性

生命教育的目标之一是帮助个体建立完善的三观，调整思维方式，使个体养成良好的生活作息习惯，能够更加关注自身，关注身心健康，珍爱生命，为自己未来的发展提供更远大的目标和更充沛的动力。

生命教育的另一个重要目标是帮助个体实现与自然、社会的和谐相处、和谐发展。生命教育的开展能够帮助个体形成正确的价值观，形成敬畏生命、珍爱生命的理念，不仅珍爱自己的生命，同时珍爱他人的生命；形成自我的人生格局，将个人的发展目标与社会的发展目标相联系。当今社会高速发展，个体容易受到不同文化的冲击，出现迷茫、彷徨的感受，可能做出错误的人生抉择，影响个体的终身发展。在这种情况下，生命教育的开展能够帮助个体更好地认识世界，认识社会之间的差异，能够在感性的基础上理性地思考，遇事不慌张，遇到挫折有坚强的意志品质应对，有勇气追寻自我成就，最终实现自我。

从社会层面来看，生命教育能帮助实现社会和谐，人与自然共同发展是生命教育中重要的一环。当前建成社会主义和谐社会是我国的重要发展方向，个体能够做到诚信友善、爱岗敬业、帮助他人，拥有能够获得自我实现的未来。因此，生命教育在个体发展的过程中，能够帮助个体保持积极向上的态度，获得健康的体魄、良好的身心、崇高的理想，每天充满活力和斗志，投身于工作中，在各个领域和行业中发光发热，彰显个人价值。此外，作为社会中的一员，个体行为和言语都会对周围的环境和他人产生潜移默化的影响，个体能够拥有更加积极向上的态度，不仅有利于个人的发展，还会将正能量传递给社会中的他人。

一、生命教育的重要性

《纲要》认为生命教育仍然是当前教育事业中的重点，学校、社会、个人要重视生命教育，以促进个体生命健康成长和发展。《纲要》指出，无论是从教育理论，还是从实践的角度，生命教育都是教育当中必不可少的一部分。当我们真正理解生命教育时，将有助于将生命独特价值发挥到最大值，把握个体发展的前进方向，开辟生命教育的广阔天地。学校是生命教育的重要实践场所，站在教学一线的每位教师都承担着生命教育的重任。

真正好的教育是什么样子？为了回答这一个问题，研究者回到了对教育的根本价值和根本目的的探讨。教育涉及人与人、人与社会之间的关系。在历史的不同时期，教育的侧重点不同，无论是侧重于服务国家型人才的培养，还是服务于社会外在价值人才的培养，都有其历史意义。教育首先应该以促进个体的发展为根本，以促进社会的发展作为导向。人类的生存是教育的根本目的，任何社会制度和现实的力量都不能违背人类存在的基本价值。教育的任务并不是顺应历史大的潮流和当下社会的趋势，而是要守住人类的本心，防止过快发展的社会对人类造成冲击。那么人类生活的根基到底是什么呢？教育的价值又是什么呢？教育作为人类固有的文化传递的方式和手段之一，要考虑到人类的需求。人类的需求包括人类存在和未来的发展需求，需求是发展的动力，教育需要面向群体需求开展。

总的来说，个体的需求和内在的价值与人类社会息息相关，包括教育在内，各种文化传递的手段和人类发展的方式都是从这一需求发展而来，最终目的是为了使人类群体得以延续，生命得以延续。因此，生命教育是教育的必要组成部分，也是教育的根基。

生命教育涵盖了个体的起源、发展过程以及结果。值得警醒的是，生命教育常常在个体发生真正的危机事件时才被提出和重视，现实中的心理困境提醒我们生命教育的重要性，个体当下最为缺失的是对生命的重视和感悟。

个体需要了解自己的优势和劣势，了解深层次的本我和超我，了解自己的恐惧，才能真正地认识自己，并且为生命下定义。无论是在理论层面，还是在实践层面，生命教育都有着丰富的内涵。例如，通过现实生活了解：我们自己是谁、想成为一个什么样的人、如何成为想要成为的人，这些都是我们认识自己的重要议题。生命教育认为，生命是起点，生命资源是方式和手段，个体需要借助恰当的方式唤醒自己的生命意识，找到生命价值，在不断追求的过程中，活出生命的意义。在现实生活中如何衡量教育的优劣呢？生命教育又是如何判断其真正的意义呢？衡量教育水平的标准是个体能否通过教师的引导，获得拥有幸福人生的能力。幸福不仅是师生双方能够在课堂中获得愉悦的享受和知识，同时要求学生能够将这种能力迁移到自己的生活中。在学习的过程中，学生能够发现自己、获得成长，最终成就自己，教师能够把自己的个性特征融入教育教学中。因此，学校应该鼓励学生和教师做真实的自己，不能一切以分数为重。学校在重视考试和文化课程建设的同时，更要重视学生身心的健康和真实的成长，为学生建设与生命教育相关的课程体系。

对于教育优劣的评判标准，实际上是教育促进人发展的诠释和宣扬。真正好的教育培养出来的个体无论从事什么样的工作，都能够做一个幸福的个体，同时拥有生命的智慧，成为最好的自己。近几年，无论是在学校还是其他场合，群体中发生自我伤害和伤害他人的现象都呈现增长趋势，这些问题让我们担忧。无论是为了个体健康成长，还是为了社会未来的发展，生命教育都是刻不容缓的，生命教育的必要性和价值凸显出来。对于个体而言，首先，开展生命教育能够帮助个体建立完善的人格结构；其次，能够帮助个体意识到自己生命的价值，唤醒珍惜生命的意识；最后，能够在个体健康成长的情况下，提升个体生活的质量，最终获得自我实现。

生命教育能够帮助个体意识到自己存在的价值，同时能够促进个体在健康快乐生活的基础上，实现自我发展和价值。每个个体都具有主观能动性，生命也具有自主性，这就决定了每个人都对自己的生命有一定的意识。由于过快的社会节奏和功利性教育现象的存在，在教育中一些个体选择关注分数和成就，认为分数是学生存在的价值和意义。对于学生生命的忽视和身心健康发展的忽视，使得学生忘记了自己生命的价值和意义，因此才出现对自我生命和他人生命的伤害等诸多问题。学生能否对生命有真正的认识，直接影响着个体对待生活的态度。因此，解决学生对生命态度的问题，能够直接影响学生是否热爱生活、勇敢面对生活、积极发展自我，所以学生生命意识的树立刻不容缓。学生单方面的力量、学校单方面的力量都不能完全改善学生的生命态度，教师理论灌输的方式无法改变学生的生命态度，可见多方力量的共同努力与正确的生命教育方式是十分重要的。

生命教育唤醒学生对生命的感悟和探索，学生逐渐意识到生命的宝贵，学会珍爱自我的生命、珍爱他人的生命，正确地面对自己与他人之间的差异。这样才能使学生在生活中遇到挫折时，主动欣赏美好的生命，即使遇到了自己无法处理的困难，也能够以积极的心态和方式寻找支持和力量。在对待其他个体时，能够认识到生命之间的平等，没有生命能够被随意践踏，不会凡事以自我为中心，不会任意伤害其他的生命。对于本身不存在问题的学生来说，生命教育可以帮助个体拥有更加健康的身心，包括身体健康、心理健康，能够注意调节自己的身体和心理状态，追求精神生命的完善，更好地与他人、社会相处，承担更多的责任，并且最终获得自我成长，实现生命价值。

生命教育的首要目标是唤醒学生对生命的感悟和重视，然而无论多强的生命意识，如果只是停留在思想观念层面，就达不到生命教育的要求，只能为学生理解生命打下基础。因此，为了能够将理论转化为实践，让学生对生命教育有更深刻的理解，就必须引导学生的生命过程，优化学生的人格结构，这既是生命教育的要求，也是帮助学生获得完整人生发展的需要。

自然生命、社会生命、精神生命构成了完整、完善的统一体生命。个体作为不断成长过程中的人，需要重视自然生命、社会生命、精神生命的成长。社会竞争激烈，过度强调考试分数，使学生忘记了自己作为一个完整生命的发展需求。因此，学生对于生命的意识和感悟被压抑在潜意识中，并不能真正地意识到生命结构的意义，生命没有得到完整的发展。在儿童期，接受教育本身是学生获得完整生命的重要方式，但是由于过度强调考试分数的功利式教育影响了个体的认知，导致部分学生在学校不能发展出完整的生命结构。为了考试分数不惜牺牲自己的身体健康和心理健康。功利性教育对生命结构片面的理解，严重影响到了个体的生命完整性和生命结构，导致学生到了一定阶段止步不前。通过对这种教育现实的深刻反思，生命教育提出了新的教育方式和教育理念。通过关注学生生命教育的完整结构，在教育的过程中补足学生缺失的生命元素，逐步实现学生生命结构的优化和重构。

除此之外，生命教育还能够帮助个体提升自我生命幸福感，最终获得自我成长，实现生命的超越。个体的生命具有超越性的特点，说明每个个体都有主观能动性和超越自我的能力。生命不是固定不变的，而是开放的、充满不确定性。因此，个体在成长和发展的过程中不可能一成不变、停滞不前，每一个个体在发展的过程中都会追求更高、更远的目标。以往功利主义价值观下的教育，认为取得好的成绩就是获得更好发展的唯一方式，提升生命境界、探索自我成了无用功，在这样的教育背景下，学生对生命的探索成了个体的负担，长此以往，学生将意识不到生命的意义和价值。

生命教育对于生命的调整意味着生命结构的完善。如果想对个体的未来产生长远的影响，需要立足于个体之间的差异，对学生所处阶段的生命特点、生命的完整性进行思考和实践。

通过教育和实践，学生能够对生命有一定的理解，唤醒生命意识，优化人格结构和生命结构。从生命完整性角度来说，生命教育起到了相应的作用。在生命教育的过程中，不断提高学生的生活质量，同时为社会做出贡献，这凸显了生命教育对社会和个体的双重意义。生命教育需要教师拥有扎实的生命教育理念和生命教育实践经验作为基础，在教学过程中教师的生命也得到完善，生命教育对于师生的成长都有显著的帮助。

二、生命教育的途径

生命教育与其他教育的不同之处在于，生命教育不仅要在物质层面引导个体在社会中立足，还要在精神层面帮助个体理解生命的意义，感悟人生的价值，获得精神层面的满足，生命教育的价值远远高于知识教育的价值。华特士在阐述生命教育核心理念时提到，生命教育不完全是职业的教育，现代教育问题的关键在于将职业教育等同于生命教育。实际上，职业仅仅能够帮助个体获得物质基础，但是任何职业技术都不能替代个体对生命价值的追求。因此，生命教育不仅仅要借鉴华特士提出的理念，更应该引导个体从更高层次感受生命的价值和意义。

首先，生命教育要帮助个体认识到每个生命都是独一无二的，建立边界感，认识到每一个生命都是不容侵犯的，树立生命的神圣意识，让个体学会珍爱生命。每个个体都应该明白，生命只有一次，不可重生，无论是伤害自己的生命还是伤害他人的生命，都是违背道德、违犯法律的。

其次，生命教育要将个体生命的崇高价值摆在生命教育的最高处，让个体通过自我肯定，发掘自我价值，同时将会承担更多的社会责任，意识到生命的价值是自己创造的，物质和金钱无法定义个体的生命价值。人与其他事物之间本质的区别就在于精神层面的差异，个体需要拥有感恩的心，回馈社会，善待他人，用自己的生命帮助社会创造更大的价值。

再次，生命教育要帮助个体养成积极乐观的心态，在生活中积极乐观地面对每一天。没有强者是不经历失败就取得成功的，个体要学会勇敢面对挫折，最终实现自我的超越。

最后，生命教育要帮助个体意识到自身的品质有其积极的意义和作用，无论是关爱、宽容、尊重，只要是对他人施以援手，都将会感受到"赠人玫瑰，手有余香"的珍贵。每一个体都不是完全独立的，个体需要在团队中帮助他人，共同努力，能够以谦逊的态度应对每件事情。在社会中与他人产生关系，需要切实体会别人的感受，将别人的困苦视为自己的困苦，将别人的快乐视为自己的快乐，爱护他人的生命像爱护自己的生命一样。在这样的基础上，个体能够通过理解生命的价值，在社会中获得长远的发展。

（一）生命教育的不同取向

根据不同国家、不同时代生命教育的核心，我们认为生命教育是指个体从出生到死亡的过程中，通过对生命有目的、有计划地探索，培养个体在社会中生存和发展的能力，最终使个体获得自我实现。因此，生命教育的核心是珍爱生命、发展生命，理解生命的价值。在这个过程中，存在着许多不同的取向，反映了生命教育核心的不同重点，主要存在以下几个重要取向。

生命教育的第一种取向认为，生命教育是为了帮助个体获得健康的身心。西方国家许多生命教育的核心目的是获得身心健康。身心健康意味着个体不仅要获得身体的健康，同时要重视心理的健康，在工作和生活中，个体能够对疾病有预防意识；面对生存危机，有顽强的意志面对。比如在美国的生命教育体系中，心理、身体、家庭、情感、社区等都是开展生命教育的重要场合，个体需要在生活的方方面面获得身心的健康。

生命教育的第二种取向是死亡教育取向的生命教育，它以个体的出生和死亡为议题，包含了出生学和死亡学方面的教育。由于死亡是每个个体都要面对的最终议题，死亡教育可以让个体认识死亡，对死亡产生真正的理解，学习有尊严地面对死亡。这种取向最早源于西方，在欧美国家，从个体入学到大学毕业的学习过程中都将开设这门课程，医院以及社会的相关公益机构和社会服务组织会举办相关的讲演会。在英国，殡葬服务业和医护人员都会进入学校，为学生带来相关的讲座。

生命教育的第三种取向是伦理取向的生命教育。伦理教育主要包含传统文化中的伦理纲常、哲学与人生、生与死、道德角度的思考、婚姻与性、人格与精神、生命与死亡等议题。上述内容我们都称为伦理教育的生命教育，其涵盖范围广，探讨更为深入。

生命教育的第四种取向指社会取向的生命教育。这一取向的生命教育的重点在于生命和生活，无论是生命还是生活，都离不开社会大环境。在生活中，个体不是孤立的，需要与他人、社会相处，建立各种关系网络，因此，学会与人相处是生活的重要内容。社会取向的生命教育将人置于社会群体中，帮助个体察觉自己在社会中发挥的作用和扮演的角色，并探索自己与自己的关系、自己与他人的关系，培养人际相处能力和照顾自我的能力，使个体能够在社会中扮演匹配的角色，成为一个德行兼备、品行优良的人。

生命教育为何会出现如此多不同的取向呢？不同国家、时代的文化都会对生命教育产生不同的影响。更重要的是，不同的社会时代对个体有着不同的需求，也会带来不同的影响。因此，生命教育的取向处于动态发展和变化的过程中，在发展过程中与社会环境和社会文化走向融合。

中国大陆生命教育主要针对青少年所面临的问题提出建议和指导。不同阶段的青少年面临的心理问题不同，生命教育需要直面不同阶段青少年面临的问题，针对可能会危害青少年身心健康的消极因素进行引导，帮助青少年建立良好的生命观、价值观，发掘自身生命的优势，树立正确的生命观。

因此，我们认为生命教育是心理健康教育、宗教教育、社会教育、伦理教育的合成体，涉及青少年成长过程中的安全、生命价值、关怀、美德等方面的主题。

（二）生命教育的目标

生命教育的目标包括引导个体学会生存、生活和生命，主要是培养个体对生命的认识、对生活的热爱以及对生存价值的感受，培养个体对生命的认知和责任。

1.认知教育

认知教育的重点在于帮助个体了解生命的本质、如何发展生命、如何获得生命的自我实现，在有限的生命中获得无限的发展，能够珍惜当下、体会生命的珍贵和美好。

2.情感教育

情感对每个个体来说都十分重要，情感教育的关键在于帮助个体树立对生命的情感意识。个体能够获得对待生命的正确态度，用积极的情感面对生命中的每一时刻，在遇到挫折和困难时能够有能力与负面情绪抗争，积极寻找应对资源。拥有积极心态的个体不会全盘否定生命和自我，也不会产生过多消极的对抗情绪。在这样的生命教育引导下，个体能够更好地对待生命中的不完美，学会面对情绪，学会意识到生命的价值。

3.责任教育

责任教育是指帮助个体学会承担更多的社会责任和家庭责任，勇敢面对自己的责任。引导个体认识到生命不仅属于自己，同时属于家庭，属于其他的个体和团体组织。因此，个体在生活中要承担起应有的责任，因为负责任的生命才能够迸发出更多的能量。责任意味着压力和负担，同时能够帮生命获得成长和超越。

生命教育的发展目标与生命教育的核心是一致的，包含生存、生活和生命三个部分。在生存、生活和生命三个层面培养个体的适应能力，在社会中寻找自己的角色和位置，面对复杂问题能够有自己的判断，拥有解决问题的能力。具体目标包括个体的环境适应性、人际交往和与挫折对抗。

（1）环境适应性教育。每一个个体都不是孤岛，都存在于自然环境和社会环境中。无论是自然环境还是社会环境，个体都需要与环境中的其他生命保持联系。因此，个体能够存在于环境中的重要前提是个体能够适应环境、融入环境，学会与环境中的他人相处，在环境中感受生活的美好、生命的力量。假如个体无法融入环境，将会在环境中受到更多的阻挠和打击，失去生命的积极性。因此，个体如何主动适应环境的教育非常重要——主动适应环境而非被动接受环境。这意味着个体主动适应环境的过程是充满愉悦主观感受的，应当学会在环境中获得快乐而不是与之为敌。

（2）人际交往教育。社会是由社会中的每个个体和个体之间存在的联系组成的，适应人类社会的本质是学习建立人与人之间的稳定关系，学会有效的沟通和交流。个体能够与他人愉快地互动交往，实际上是在塑造个人发展的环境。擅长人际交往的个体往往能够获得更多的朋友、资源，同时从中拓展更广的发展空间。此外，学习人际交往，也是个体能够真诚待人、获得美好品质的前提。人际交往能够帮助个体发现生命的价值，学会尊重、宽容和爱。

（3）挫折教育。个体需要意识到，在漫长的一生中每个人都会遇到挫折和困难，这是每一个个体所必须经历的。生命就像是旅行，旅行过程必然不是一帆风顺的，一定会出现坎坷和艰辛，生命的旅途也是一样，个体会经历挫折和困难，就像在旅途中需要经历险滩和峭壁一样。这时候，需要个体花费更多的心思、体力和资源，有时会让人感觉到疲惫和困倦，但是正如在旅行中经历的挫折一样，生命中的挫折也会为我们带来更多美好体验。挫折像是人生的垫脚石，在经历挫折后，会越挫越勇，获得更多的成就。没有经历过挫折的人生不是完整的人生。

生命教育的目的是培养青少年对生命意义的感悟和对生命价值的追求，让个体在生活中获得更多的成就和意义。生命的意义是生活水平的提升，同时是精神层面内在追求的提升，个体的有形生命和无形生命都需要发展。人生就是一个不断继承和发扬的过程，个体的精神将流传更久的时间。个体需要继承前人的智慧和财富，并且通过自己的才智对其进行加工和发扬，造福自己的同时造福社会，推动社会进步。

对应着个体生命的不同阶段，生命教育也进入不同阶段。当青少年对生命的认知不足时，生命教育需要对其引导和调整。开展层层深入的生命教育，不仅能够帮助个体获得对生命的理解，同时会让个体创造更多的社会价值，获得自我实现，为和谐社会的发展贡献力量。

三、生命教育的发生阶段

生命教育只有落在实处并取得成效，才是真正有效的教育。生命教育需要引导个体对生命产生更多的觉察，触及心灵，引发个体信念和认知的改变。个体改变的最好方式是通过潜移默化的行动引导个体自我改变，因此，体验式的经历是生命教育最好的实践方式。

（一）感动教育

个体在情感丰富时最容易被打动并产生改变。感动教育是在个体能够产生情感触动时，培养个体的感知能力，通过心灵的触动净化心灵，帮助个体的道德得到升华的过程。想要唤醒个体强烈的情感体验，必须要触及个体内心深处，触及其认同的价值观。在学校中，感动教育可以通过视频、PPT等形式把学生带入情境中，用真情打动学生，激发学生的情感，将社会规范和生命教育融入情感触动中，将其内化为个体的思想，逐步转化为实际行动。

如何通过生命教育引导学生学会体验感动并内化感动付诸行动呢？首先，需要教师给予学生真正的触动，使得学生内化生命教育理念。符合学生年龄特点以及个体特征的教育才能触动学生的心灵，与学生建立心与心之间的沟通，达到应有的效果。个体从出生到死亡，虽然会有不同的经历，但是个体的经历之间存在共性，每一个阶段出现的问题有其共同性和一致性。因此，只有切身进入学生生活中，想学生所想，生命教育才不会苍白无力、流于形式，生命教育才能真正地发挥作用。

（二）体验教育

亲身体验、经历是最好的教育，因为在亲身经历的过程中，个体能够身临其境地实践理论，将其内化到认知体系中。什么是真正的体验呢？体验是亲身经历，用心灵感受，用身体践行，本质上是一个人亲自完成的经历，当情绪、身体、感受等达到了同一激活水平时，所产生的真实的感受就称之为体验。《现代汉语词典》中对于体验的界定是通过实践认识周围的事物。因此，我们认为体验是个体能够亲自参与并且践行的行动。在亲自体验的过程中，个体能够真正地将道德规范、认知水平内化到个人的思想中，并转化为行动。除此之外，体验教育需要有组织性，需要以主体社会实践作为主要内容。同时，学校可以作为体验教育的倡导者和推动者，社会公益机构可以作为辅助者，在精心设计的每一个环节可以使学生获得相应的成长体验，这个过程所获得的知识和认知改变是其他人不可替代的。学生每一个体验的过程都与实践息息相关，以学生为主的体验具有主观能动性和自主性，是个体愿意积极参与并且一定可以获得相应感受的。因此，体验教育是在实践中获得对事物的认知，并且将其转化为实践行动的过程。

教育的本质就是将前人所获得的智慧和财富传递给下一代，能够使受教育者获得前人积累的智慧、财富，并在此基础上得到更好的发展。这一目标通过理论灌输往往效果不佳，而通过启发学生，获得发展的愿望和动机，对达到教育目标很有效。社会实践是达到教育目标的重要方式，我们可能会发现，对于听到的或者看到的事情往往印象不深，但是亲身的感受和经历往往难以忘怀，并且最终会转化为我们行动中的每一步，达到自我提升、完善自我的结果。体验教育的实践需要更多教育工作者的努力。

"好记性不如烂笔头""书读百遍其义自现""过千遍眼不如手过一遍"等谚语都证明了亲自实践的效果。对个体而言，直接经验带来的影响远远大于间接经验带来的影响。理论学习获得的是间接经验，存在于脑海中，却无法落实到实际行动中，是难以传递、难以实践的。只有个体亲身体验、经历、实践过的部分才能内化于生命中，并转化到行为中，成为个体的智慧。因此，生命教育不仅要选择能够触动个体心灵的事件，还要将个体对事件的感受落实到亲身经历中，引发他们真正的感悟和触动，激发情感，并最终转化为实际行动，改善生命。

（三）自觉教育

自觉教育是个体通过自我的主观能动性进行的，对个体的发展和进步来说非常重要。自觉教育具有坚定的主观能动性和自主选择性，并且具有很强的体验性。自觉教育不依赖于其他人，是在与自我相处的过程中完成的。即个体在学习或者生活中遇到困难、挫折，尝试独立解决，并且自我对状态进行调整，努力自我完成。个体的自觉教育主要决定于个体对自我的认知和对任务难度的认知。

梁漱溟曾提出："我的根本主张，是要学生拿出他们的心思、耳、目、手、足的力量，来实践他们自己的生活，个人和团体都要由他们自己去管理，去亲身经历。总要用他们自己的心思才力，去求他们所需要的知识学问。"自觉教育需要个体通过各种器官全身心投入，只有足够的投入，才能带来真正的感受和能量的改变。只有务实的学习，才能得到理想的结果，这一概念与"心流"有异曲同工之妙。自觉教育的核心在于自觉，是由个体内在需求驱动的，只有内在的动机才是个体长久发展、持续成长的动力。自觉教育是教育的理想目标，包含让每一个个体都获得自觉教育的能力，具体表现为对自己生命的自觉，对其他生命的自觉，以及对人与人之间关系的自觉，对社会的自觉和对转化的自觉。

自觉教育的实现途径灵活多样。每天完成日记的方式是一种非常有效且简单明了的方式。日记可以帮助个体进行反思，记录所见所闻，更记录下此刻的所思所想。同时，日记的宝贵之处在于能够记录引发个体情感态度变化的人和事物，能够让个体了解到是什么引发了自己的改变，以进行自我觉察。

（四）提升生命价值

每个个体都是社会性的个体，每个个体都在社会中扮演着一定的社会角色，承担着相应的社会责任，个体的社会角色决定了个体是社会的一部分。个体需要从一个自然的生物人，成长为一个在关系中的社会人。因此，个体需要对自己的角色进行反思和思考，获得成长和进步，挖掘自己的内在潜力。

1.生命教育的社会性

生命因共存在而显示出价值，生命自觉意识的含义之一是提升生命价值。要发掘生命的潜力，个体必须置身社会大背景下，以社会的发展为己任，积极投身于社会发展中。只有这样，个体才能更好地发掘自己的生命价值，创造属于自己的生命价值。这意味着个体需要尊重生命、善待他人，并且在适当的情况下维护自己的生命，维护社会的权益。

每个个体都是社会关系的集合，即个体拥有社会属性。人是存在于社会中的个体，没有个体就没有社会，同样，没有社会就没有个体。如果一个个体完全脱离了社会，那将不再是一个完整的人。"狼孩儿"的事例说明，一个人的遗传因素虽然能够帮助个体发展成为人类，帮助个体在生活中社会化，但个体成长为一个完整的人还需要生存在大的社会环境中，在社会生活中，个体的能力才能够得到发挥，获得成长和进步。人与社会是相辅相成、互相成就的过程，在社会高速发展的今天，人与社会的关系越来越密切和复杂。每一个个体从出生开始就成长在一个特定的社会群体中，在群体中与社会中的他人交流和沟通，展现自己的才能，这是个人自我实现的重要方式。

从社会学的角度来看，教育包含了家庭、社会以及各种社会公益组织、国家组织，同时教育本身被分为正规教育和非正规教育。不同的教育对个体的发展会产生不同作用。个体的发展与社会的发展存在一致性，教育是社会发展的必要途径和重要组成部分，个体只有通过社会化的教育才能够成为符合社会标准的一员，承担相应的社会责任，最终促进社会的发展。教育的根本功能是促进人的社会化，社会化作为个体的发展目标是必不可少的。个体需要社会化的过程，只有完成了社会化，才能以一个独立姿态进入社会，参与社会发展。从生命教育来讲，社会化要求人有道德心、爱国心和公益心等。

2.生命教育的道德性

生命教育与道德教育从根本上说目的是相似的，无论是人的生命价值还是人的道德品质，都需要个体的意识发展和行动改变。如果没有道德来维护个人的生命，生命将很难维持，如果个体的生命不复存在，道德就失去了意义。道德与生命是相互依存、相辅相成的。生命中有善、恶之分，道德中也有最基本的善与恶的概念，通常道德中的善、恶与生命教育中的善、恶并不完全一致。所谓善，即处于社会中的个体行为标准符合社会的要求，不伤害他人，个体的行为不能违背社会规范。一种观点认为，一切可以获得主观幸福感的行为都是善。善是事物的特点，符合在社会中绝大多数人利益和发展的特性，是为了实现人的自我价值，完善社会的品质，能够在寻求的过程中获得更多的生命价值。反之我们称之为恶。对生命而言，善意味着生命的延续，意味着对生命的保护和维持，能够促进生命的发展。个体在生活中能关爱他人、关爱自己、尊重生命的差异，获得生命最大价值的实现。伤害生命、不尊重生命之间的差异、压制生命的发展都不能称之为善。

道德存在的根本目的是为了调节个体之间的矛盾，调节善、恶之间的差异，创建和谐的社会。道德不是向其他个体索取更多，而是通过付出、给予、牺牲来成全他人。生命的道德要求个体能够有自我约束能力、延迟满足能力，甚至在面对个人利益和他人利益的冲突时，进行一定的自我牺牲。只有如此，作为社会群体中的一员，人类的生存和发展才能够得以延续，拧成一股绳，持续有力地维持人类群体的发展。作为具有理性的人，能够将这种利他主义的道德发展内化为自我概念，是难得的品质。人的特殊性也许正是由于这种利他行为的产生，通过对社会的奉献和他人的贡献，感受到自我价值和自我力量。人类精神世界的独特之处也在于此，通过感受到善的存在，从而感受到内心的充实、快乐和主观幸福感。

道德同时需要个体关心、关注他人的利益以及社会公众的利益，在需要的时候献出自己的力量。个体离不开社会，每个人都是社会人，同时社会中每个个体的需求是多种多样的，单靠自己的力量很难获得满足。因此，在社会生活中的个体，需要在顾及个人利益的前提下，考虑他人的利益，成全他人的利益，不仅实现自我价值的追求，还要追求社会价值的最大化，帮助他人获得更多的社会价值和个人价值。因此，道德作为社会关系中的一根准绳，目的在于维护社会关系和人际之间的交往，保证社会持续有序地运行。

个体存在的价值是对有意义生活的不断追求，正是由于这种强烈的目的性，生命的道德性才显得如此重要。如果单纯为了追求目的而违背道德，将对社会造成巨大的损害。正是因为拥有道德而成为社会人，个体才能在社会中不断地提升自己、超越自己，最终使自己的生命有意义。个体不仅仅是自然、社会的存在，同时是一种伦理道德的存在。个体需要承担社会责任，这是个体在生存发展中无可避免的。

3.生命教育的爱国性

爱国主义是社会主义核心价值观的重要组成部分，生命教育是爱国主义教育的具体化。生命教育与爱国主义教育有着重要、密切的关联。生命、生存和生活虽然在最初是社会关系的产物，但在国家出现后，爱国主义就成为国家这一特定历史阶段的必然产物，并赋予了生命、生存和生活更多的时代和政治意义。

爱国的思想品质是公民必备的基本道德品质，以国家利益为主，热爱国家、关心国家、服务国家是公民必备的基本素质和重要能力。爱国主义教育可以与生命教育相结合。

首先，爱国主义要融入公民的国家理念中，成为公民的生命理念。生命最初只包含个体的物质生命，是进化的产物，随着人类文明的出现和发展，每个生命都在物质生命的基础上，发展出了社会生命和价值。生命是社会组成的必要成分，是文明存在的基础，也是每个国家政权的基础。国家想要长久存在，需要珍惜公民的生命。与此同时，公民必须在日常生活中珍视自己和他人的生命，这也是公民爱国心的要求，公民必须学会如何生存、如何生存得更好。国家的发展必然要为公民提供必须的生存条件，同时通过有效的制度改善公民的生活条件。为公民提供优裕的生活和生存环境，爱国主义才能从理论转变为实践，内化为公民的基本素质和理念。

其次，公民的生活需要符合爱国主义的要求。在当今社会，公民每日的生活有序进行不仅是其生命的延续，也是公民爱国的具体表现。公民生活水平的提升是国家发展的有力证明，社会生活的有序进行意味着国家地位的提升、实力的增强。好的社会环境和氛围能够帮助公民更加热爱自己的国家，能够在生活中发展自身，承担起社会中的责任，这也是爱国主义的真实体现和要求。

4.生命教育的公益性

公益心指的是个体对他人以及社会中他人的关心和爱护，正是由于个体对他人的关心，个体才会收获来自他人的关心。在这样一种相互关心和鼓励的环境中，社会、自然以及每个人都能够得到高效、有力的支持与发展。因此，公益心是个体和社会发展过程中非常重要的一部分。正如只有在民主的生活中，个体才能学会真正的民主，只有在充满公益心的环境中，个体才能学会关心和爱，同时更多地参与到公益中去。公益不仅仅是口号和思想方式，它更应该成为一种生活方式和习惯。培养公益心，不仅仅是倡导个体到大街上擦栏杆、去福利院看望老人，公益心应该时时刻刻体现在生活中，体现在生活的细枝末节中，成为每个个体的内在品质。

教育者应该通过潜移默化的方式，影响学生的公益心。公益心的培养意味着关心自己、关心他人、关心身边的每一个陌生人，假如教育者能够在工作过程中做到关心学校的一草一木，关心学校的每一个同学，关心学校的每一个个体，将会形成充满爱的学校环境，真正做到潜移默化地影响学生。

每个个体生来就有公益心，但是需要教育者后天的引导和启发，帮助个体挖掘自我的公益心。所谓引导和启发指的是帮助个体唤醒对公益的认识，其实每个个体在生活中常常天然地在用公益心行事，却没有意识到自己在用公益心，教育需要帮助个体发掘、发展公益心。教育是灵魂的碰撞，教育者想要帮助学生获得公益心的最佳方式就是身体力行，首先发掘自身的公益心，能够关心国家大事，同时不忘关心生活中的小事。在这个过程中，学生的公益心将被触动。因此，教育工作者公益心的培养是开展工作的基础和前提。

5.学校生命教育的独特性

生命教育是个体生命的发展，而每个个体在发展的不同阶段，需求和努力的方向都是不同的。因此，生命教育在面对不同年龄阶段的学生个体时，需要深入地了解学生的年龄特点，正确理解每个年龄阶段学生精神世界和自身世界的需求，对学生的生命进行引导。学生的精神世界和内在需求不断发生变化，我们认为中学生生命的特点大致包括以下几点。

中学生的自我意识随着年龄的增长不断增强。自我意识指的是对于自我的身体、精神世界的感知和感悟，伴随着年龄增长、知识经验的丰富以及与其他个体关系的深入，个体的自我意识不断地增强和发展。中学时期，自我意识处于变化最快最强烈的阶段。个体所处的教育环境能够使他们的逻辑思维、认知能力获得快速提升，同时自我意识的水平明显改变，在这个阶段，个体对于外界环境的好奇心不断增强，渴望认识这个变幻莫测又充满着不确定的世界。但是对于这个世界，个体更加在乎自己的内在精神世界，渴望了解自己的内在，探索全方位的自己，建立自己的世界观、价值观和人生观。

这个阶段，个体的自主性和主观能动性不断发展。许多学生都是在这个阶段第一次离开家庭进入社会，与社会中的他人产生亲密联系，个体的独立意识和主观能动性都会发生重大的变化。进入中学后，他们需要对自己的生活负起责任，此时自主意识在处理自己的生活、学习、工作中起到了关键的作用，得到了显著的发展。

这个年龄阶段的个体有着更强与他人交往的意识。他们意气风发、精力旺盛，渴望证明自己，希望能够获得他人的理解支持和尊重，但是这个阶段的青少年往往欠缺与他人沟通的技巧和技能。无论是家庭中的关系，还是社会中的关系，都需要进一步地磨合和调整，获得更多的沟通技巧。

生命教育的发展势头越来越盛，生命教育在个体不断地认识自我、拓展技能的过程中表现出积极的作用，但是生命教育由于其本身的特性也受到了一定的限制。在社会快速发展的当代，生命教育必须要符合实践与理论相结合的方向。在发达国家，生命教育能够在理论传授的基础上获得更多的实践机会，同时完善的理论基础为实践提供了支持。国内的生命教育还处于起步阶段，本土化还在进行过程中，为此，在生命教育落地学校实践的过程中，应该继续加强对生命教育理论以及本土化的探索，努力将学校的生命教育理论和生命教育实践相联系，使二者相辅相成、共同促进，促使生命教育更加有效。

（1）以理论研究引领生命教育。正如其他课程一样，学校生命教育课程应该同时包含教育目标、教育价值、教育体系、教育实施、教育内容以及教育方式方法等方面。目前，生命教育在学校中开展良好，但是其影响范围不大，实践推广达不到预期的深度，仍需要更多的努力。理论作为实践的指导，要更加注意生命教育本土化的研究，更加注意生命教育成果的研究，完善生命教育体系，指导更多的实践应用。

（2）以专门学科主导生命教育。生命教育本身作为一门国家重视的学科，理应形成相应的知识体系，从理论到实践建立一套标准的实施过程。生命教育与其他学科的不同在于生命教育没有知识的要求，因此可以尝试将生命教育理论和实践融入其他学科，通过专门学科的主导、其他学科辅助的形式，开展生命教育。只有理论研究和实践研究相结合，才可以积极推动生命教育的进一步发展，促进生命教育更好地实施。

（3）以其他学科充实生命教育。生命教育的理念适用于多门学科，所有的教育都是生命教育的重要组成部分。其他学科中，教师可以有目的、有意识地将生命教育的理念融入课堂中。在不影响本学科知识讲授和课程开设的前提下可以渗透生命教育的理念，适当地提及生命教育的理论思想、体验性的实践经历，对生命教育都会起到锦上添花的效果。

（4）以专业教师实施生命教育。保障师资的专业是开展生命教育的重要前提。我们要系统地培育生命教育课程的师资队伍，强调生命教育理念的重要性，让教师在传递生命教育理念、进行实践的过程中对学生进行生命教育指导。教师是生命教育理论的构建者和最基层的实施者，每位教师应该以身作则，将自己作为生命教育的实例展示给学生。

（5）以专题活动提升生命教育。生命教育的形式灵活多样，教师可以通过专题活动、班会、实践活动等多种方式开展生命教育，如心理健康教育、禁毒防治教育、安全教育、青春期教育、男女性别差异教育等系列专题，拓宽学生视野，培养学生的深度逻辑思维，丰富学生的课余生活，同时在潜移默化、充满实践性的课堂中，对学生完成生命教育。

（6）以校园文化促进生命教育。良好的环境是达成教育效果的重要基地，创设一个充满生命教育气息的校园文化环境是生命教育的重要组成部分。学校应该把生命教育建设纳入校园文化建设中，将生命教育的理念和实践融入校园文化中，通过丰富多彩的校园文化建设，在学校环境中让学生感受到生命教育的理念，主动思考，发现生命教育的乐趣，这一过程可以使学生产生心灵上的共鸣和情感上的触动。为此，学校可以将生命教育作为学校文化创设的主题之一，使生命教育成为学校重要的文化组成部分。

（7）以个人体验强化生命教育。实践是落实生命教育的重要方式，在实践活动中，个体能够通过体验性的活动，感受到生命的意义和价值。学校可以联合社会公益组织，组织在校学生探访养老院、参观革命烈士纪念馆、观看生命教育视频，通过多种方式，让学生参与到生命教育的活动中去，通过这些亲身经历的活动使学生的心灵受到触动，让学生发生真实的改变。真实的改变包括将认知层面的改变落实到行动中去，懂得如何尊重生命，发掘生命力量和生命价值，领悟生命的意义。

（8）以家庭、社会参与完善生命教育。家庭与学校是青少年成长的两个重要阵地，为了落实青少年生命教育，家庭必须配合学校、社会建立生命教育的共同体。在学校和社会开展活动的同时，家庭内部必须营造一个良好的生命教育的环境，给予学生自由、民主和宽松的氛围，身心得以健康成长。在生命教育中，家庭、学校和社会都承担着义不容辞的责任，为学生提供更多的社会正能量和积极的感受。只有这样，生命教育才能走出学校的象牙塔、走进社会，帮助每一个个体获得更多的成长和进步。

四、实施生命教育的策略

（一）树立正确的教育观

"思想决定行为，对行动起到导向作用。要确保学校生命教育质量的提升，必须从思想观念的革新上做起，结合生命教育特点，积极树立正确的生命教育观。"首先，教师需要坚持以生命为本，在日常教学中，关爱学生、重视学生、理解学生、尊重学生，实现对学生自主、自强、自立意识的培养，引导学生挖掘个人内在潜力和价值。这不仅仅是教育本质的要求，同时也是生命教育的要求。其次，树立个性化教育理念。认识到每一个生命的独特性和唯一性，有针对性地结合学生差异性，为学生制定个性化的生命教育规划①

（二）优化教育顶层设计

"教师作为学生生命教育的主导者，其作用的发挥直接关系着生命教育的效果。为确保学生各项生命教育活动的有序实施，教师需要积极优化教育顶层设计，以科学、完善的生命教学规划设计，满足学生各项需求。"首先，教师应该明确教育目标。在对生命教育内涵、内容、特点进行充分考量的基础上，设定生命知识学习目标，使学生在循序渐进的生命教育过程中探知生命教育的内涵，树立崇高的理想信念，增强自我的责任感和使命

---

① 杨爱琼.高校实施生命教育的意义及策略探究[J].当代教育实践与教学研究,2020 (08):241.

感。其次，不断充实生命教育主体内容。通过生命教育相关知识、生死观的引导、生命价值教育的内涵等内容，深化学生对生命的体会。同时，教师还需要根据时代发展的实际情况，为学生的生命教育引入新内容，确保学生生命教育内容能够符合时代的要求。最后，完善生命教育的方式方法。生命教育不同于思想政治教育，生命教育更加注重学生在实践过程中的情感体验，通过体验式的教育，实现学生对生命价值的感悟。因此，在教学过程中添加小组合作学习，引导学生对生命内涵进行讨论。社会体验教学法可以丰富学生的生活体验、感知生命的不易；情景构建教学法通过发挥环境的影响力，深化学生的感悟，在创设的情境中产生相应的情感感受。此外，专门为学生开设生命咨询服务，帮助学生解答生命发展过程中遇到的各种疑惑。[1]

（三）强化师资力量支持

教师是开展学生生命教育的主要组织者，教师自身的综合素养直接关系到生命教育质量的高低。学校需要构建一支强大的师资团队，以确保生命教育各项活动的有序开展。首先，领导层要加强对学生生命教育的重视。在社会多元化发展的背景下，学生价值观正经受着各种思潮的冲击。近年来，学生因漠视生命引发了各种安全事件，更加提醒了我们积极开展生命教育的紧迫感和使命感，生命教育的实施刻不容缓，领导层必须要求思政教师严肃对待。其次，要构建一支能力强、素质高的生命教育专业师资队伍。学校不仅要为现有思政教育人员开展系统的生命教育培训工作，更需要引进懂得生命教育方式方法、深谙生命本质内涵、实践工作经验丰富的生命教育专业人士加入教师队伍中，实现教师队伍生命教育专业水平的提升。最后，要对生命教育教师的生活态度、岗位职业精神做出要求，确保其能够时刻以自身乐观、积极、向上的生活态度感染和影响学生。对生活消极、工作懈怠的教师，学校管理者要积极予以干预。

---

[1] 杨爱琼.高校实施生命教育的意义及策略探究[J].当代教育实践与教学研究,2020（08）:242.

第五节　生命教育的发展方向

20世纪90年代，生命教育逐渐成为我国哲学界、教育界以及实践应用等领域热议的话题。随着生命教育的发展，生命教育理念渐渐形成崭新体系，发展出核心的架构，并且生命教育理论和实践逐渐被引入学校教育领域。目前的生命教育中，存在的普遍问题主要是生命教育零散并且极端。生命教育开展聚焦于特殊的危机事件，缺乏对生命全体和全人类的教育和关怀。学校生命教育可能只重视出现心理疾病和心理困扰学生的需求，缺乏对心理健康个体生命的引导。生命教育对短期问题的解决能够起到有效的干预作用，但从长远来看，生命教育对生命未来潜力的引导作用并没有发挥出来。在社会高速发展、物质生活日渐丰富的今天，现代人身上出现了越来越多冷漠、空洞、彷徨的感受，许多人被无聊感和孤独感困住却束手无策，在特殊的社会时期，越来越多的个体将希望寄托于生命教育，希望生命教育能够为当下的社会状态带来新鲜的血液和改观。因此，基于这样的环境，生命教育需要面向全体、全人类进行普世教育，能够对生命进行积极入微的关怀，帮助生命挖掘自身的力量，让生命获得更加蓬勃的发展，走出现代社会造成的困境，使个体获得未来发展的方向和更多的驱动力，获得幸福、安康的生活。

一、当前我国生命教育的实践反思

生命本体意识不强。当下的生活中，社会、学校、家庭和普通大众对于生命的关怀，大部分存在于危机事件中，对于普通大众以及全人的身心健康的关注，远远没有达到预期水平。我国的中小学中生命教育常常被纳入思想政治教育和安全教育中，对个体出现的恶性和危机事件，学校采取积极的措施进行防治和干预，但是对心理并没有出现问题的个体，生命教育并没有发挥其应有的作用。危险之外，对生命应有更高的价值追求，在成长过程中对生命进行更多的关怀，学习是个体成长的手段，身心健康是人存在的根本，也是学习活动的前提条件。

个体的身体健康、心理健康同等重要，身心和谐发展是个体生命的最终追求目标。我国当前的教育领域，学校日益重视个体的生命安全教育，注重心理健康的培养。过去的心理健康教育注重对学生心理问题的解决，对于学生一生长远发展没有足够的重视，而生命教育、心理健康教育充当的角色应该是学生未来发展的干预者。

当前的生命教育，对于学生个体的关注十分重要，但是如果生命教育只关注学生个体却忽视了学生与他人、社会的关系，忽视学生整体的生命意识，其效果将远远达不到我们的预期目标。每一个社会个体都是由自然、个体以及社会共同组成的，人与自然、人与社会之间的关系都是作为整体存在的，是个体的重要组成部分。如果这些关系和个体割裂，必然会导致个体的自我主义。个体的生命教育中，只重视自己的生命、忽视他人的生命，缺乏对他人生命的珍爱和尊重，会对其未来发展产生严重的影响，可能会对其他生命更加漠视和践踏。正是由于对其他生命的漠视，个体可能会在生活中缺少发现美的眼睛，缺少对自然和生态保护的意识，也有可能伤害其他弱小的生命。当个体不能与周围的环境和他人和谐共处时，可能对人际关系有负向影响。同时，学生由于缺乏对其他生命的关爱，也可能与自身生命产生割裂。面对这样的情况，学校生命教育非常重要的一点是帮助学生建立共生意识，不仅尊重自己的生命，也要尊重其他的生命，同时尊重生命与生命之间的关系，尊重我们所处的社会和自然环境。

每个人的生命都需要希望。希望和理想是个体奔向未来的方向和目标。个体的生命理想是生命的价值体现，也是能够使人的生命焕发活力的源泉。因此，拥有健全人格、发展完善人格是生命理想的重要前提。个体需要对生命进行监督和规范，学校只有重视学生人格的发展，重视学生健全人格的培养，才能够为个体创造更加美好的未来。当前学校的生命教育存在重治疗、轻发展的倾向。学校往往以学生分数为重要评价标准，而忽视学生人格的发展，缺乏必要的生命价值的培养。学校的生命教育中，假如仅仅对学生进行道德和知识的教育，缺乏体验式的感受和对意志品质磨炼的教育，那么学生将出现两面性，在生活中出现言行不一致的负向影响。当个体无法拥有健全的人格时，可能会缺失对未来的目标感。因此，每个人的生命历程都需要理想和希望的引领。

二、生命教育的发展策略

（一）转变观念

生命是第一位的，是个体存在的基础。因此，生命教育应将生命作为生命教育的核心，教育是方式，发展生命是最终目的。生命教育应该从生命出发，尊重个体之间的差异，促进生命自由地成长。尊重生命的价值，破除对生命的遏制。以往的教育活动常常将知识的获取作为教育的最终目的，过程中往往忽视了对生命的发展。这一观念的转变是发展生命教育的基础。

（二）通过有形课程实施生命教育

生命教育课程不能完全覆盖生命教育，还需要其他的生命教育方式加以辅助。生命教育以课堂作为重要的支点，课堂的专门化必须要提上日程。生命教育的专门化，可以通过各种灵活的方式实现，当下主要可以通过两个方式实现。首先是对学科教学内容进行渗透，比如在小学课堂中，通过自然和生物课程，更多地了解人体结构，学习身体健康的知识。在思想品德课程中，了解社会道德、公共秩序、家庭环境的基本知识，了解人与自然的关系，以及人与其他物种之间的差异。在学科渗透的过程中，一方面重视生命教育的作用，另一方面要防止贴标签意识。首先，要从对生命的珍爱和生命的发展角度探索知识、领悟知识。其次，充分利用小组讨论及班级活动、班会课程等方式，以学生社团、社会公益组织为载体，开展生命教育实践活动，带领学生全方位参与感悟活动，体会生命的重要性和生命的宝贵价值，学习如何保护生命、珍爱生命。

生命教育的意义不仅是引导学生认识、了解、发掘生命的价值，同时要唤醒学生情感上的感受，唤醒学生对生命的热爱和激情。在已有的生命教育实践课程中，教师通常使用阅读法、视频观看法、体验法、师生共同学习法等来实施生命教育。无论教师采用何种教育方式，主要目标都是引导学生进行体验和感悟，分享心得，产生情感的碰撞。生命教育的实践课程需要贴近学生生活，教师在设计课程的过程中以学生的体验和特质作为课程设计的出发点，思学生之思，感受学生之感受。生命教育的课程帮助学生在课程中感受生命的宝贵，学会珍爱生命。因此，生命教育必须从学生的内心出发，引导学生产生强烈的情感体验和共鸣。

（三）通过无形课程实施生命教育

对生命的关怀，不能仅仅停留在哲学层面和教育教学理论层面，同时要对个体的认知和思想产生影响。生命教育影响课堂，课堂和社会活动使得学校沉浸在生命教育的氛围中，学生感受到生命教育带来的关怀、爱，沉浸在生命的阳光中。在学校，课堂是学生三观形成的主要场所，因此课堂需要帮助学生全面发展，形成正确的价值观。在生命教育课堂中，凸显生命的创造性，让课堂重新焕发活力，成为生命的课堂。生命教育的课堂关注的不是知识，不是情感，而是生命的发展和生命的完整。生命教育的课堂不是机械的课堂，应该注重学生生命的发展和教学形式的灵活，根据学生的需求形成崭新的课堂。学校不仅仅是一个提供生命教育的场所，更是一个提供文化氛围的场所，生命教育要求学校必须给予学生更多的人文关怀。班级作为基本的教育场所，应该成为生命成长的家园，在班级管理的过程中，有序进行班级活动不是最重要的，教师应该秉承更多关怀和爱的理念，以学生的生命发展为重点，让学生感受爱，形成充满关怀的班级环境。

（四）家庭、学校和社会的教育形成合力

生命教育发生在家庭、学校和社会中，是一个综合性、全方位的发展教育。生命教育仅仅依靠学校的力量是远远不够的，除了教育职能部门对生命教育的倡导，社会机构需要联动执行。因此，生命教育要求学校牵头，组织成立相应的机构和组织，招募社会相关人员作为学校生命教育和社会生命教育的导师。生命教育需要获得广泛的资源和支持。生命教育最初由社会组织提出，后期得到政府职能部门、社会的大力支持，这个过程对生命教育的发展不可或缺。已有的生命教育组织中，企业、政府、社会常常

形成合作机制，过程中争取个体家庭的积极参与，家庭配合学校完成生命教育的任务。家庭是个体承载愿望最多的地方，因此家庭也是生命教育的一个主要场所，家庭中父母对生命教育的认可和参与是生命教育中关键的一环。这样，最终形成家庭、学校、社会的联动发展是生命教育的最终目标。

第三章　积极心理学视角下的
生命教育体系构建

第一节　积极心理学在学校教育中的应用

一、促进学生身心健康发展

积极心理学自出现至今，一直以培养个体的积极品质、发掘个体的积极潜能为目标，力求帮助个体获得健康的身心发展，这是积极心理学的积极意义，也是积极心理学追求的目标。积极心理学在实践过程中，能够与教育教学过程融合，对当下阶段学生面临的学习压力、社会压力起到缓解作用。同时，积极心理学的核心观念能够在教育过程中影响学生，帮助学生用积极的眼光和态度对待生活，发现自身的优点，推动学生的积极发展。

二、帮助学生获得主观幸福体验

积极心理学的研究内容主要聚焦于人类的美德和积极品质上，这正是积极心理学得到心理学界重视的原因之一。在积极心理学中，个体需要重视道德品质、社会责任感，发掘积极情绪和认知等性格特征，这都是积极心理学的研究范畴。从根本上说，积极心理学的目的是通过积极的方式和手段，促进个体、群体和社会关系的发展。

积极心理学实践的不断探索和发展，包括与其他领域融合，都获得了相应的成就，例如教育教学、咨询、创伤治疗、医学、人力资源等。其中，积极心理学与教育的融合是积极心理学拓展的重要一步，这种融合下的教育被称为积极教育。研究者将积极教育定义为：在知识和技能传授的过程当中，融入积极心理学的概念和理论，将幸福传递给学生。

积极教育的开展融合了积极心理学当中幸福、希望、探索、情感、乐观等重要的积极特质。在教育的过程中，希望学生获得积极特质的生命价值，致力于将积极心理学最前沿的研究成果应用到教育教学学生实践中，通过对生活事件加以解释，让学生在学习和生活的过程中获得更多的主观幸福体验。与传统心理学研究不同，积极心理学视角下的教育教学关注的是全部学生，同时更加关注弱势群体的幸福感。

第二节 积极心理学实践的国外现状

积极心理学在理论发展的基础上，获得了更多实践的进步。21世纪初，个体通过针对性训练对积极心理学的理论进行了积极的拓展，代表成果包括宾夕法尼亚心理弹性训练计划（以下称"PRP项目"）。积极教育经历了初步探索阶段和积极教育系统建立阶段。

一、积极教育初步探索阶段

积极教育初步探索阶段主要包含心理弹性项目的实施，主要目标是帮助参与者处理日常生活中出现的突发事件，通过认知行为疗法帮助参与者了解自己的行为模式和思维模式，发掘自我力量，防止抑郁情绪的发生。PRP项目通过帮助参与者学习站在多维度思考和研究问题，提高个体的积极心理品质，主要训练方式包括理论讲授法、体验实践法、角色扮演法、心理剧疗法等。通过这些方法训练，帮助个体实践理论，巩固效果。PRP项目帮助学生获得了自信、创造、自主决策、情绪管理等积极性格品质，能更好地应对突发事件。

PRP项目可以帮助个体更好地应对抑郁情绪，在个体出现抑郁情绪时，帮助个体用乐观的态度替代绝望和无助，增强个体的主观幸福感。在个体经历病理性的症状时帮助个体应对问题行为和生活焦虑，这一影响不存在跨种族和跨性别的差异，能够使个体更加重视个人的身心健康，帮助个体应对身体和心理疾病。在PRP项目进行的过程中，发现参与者获得了更多的健康习惯和饮食方式。从这个角度来看，积极教育确实能够帮助个体获得更多的积极特质，应对生活中出现的困难。因此，各个国家都通过积极教育的方式对个体进行培训和训练。积极心理学的发展为学校引入积极教育提供了必要的条件和基础，为对青少年进行积极教育提供了相关的经验和方法。PRP项目出现时间较晚，实践经验较少，但是各个国家对于PRP项目相对信任，如在英国和澳大利亚已经得到了普遍的认可和应用。研究发现，PRP项目能够切实帮助个体缓解抑郁心态，减少问题行为。结果显示，参与PRP项目的个体问题行为减少、抑郁心态缓解。但是，PRP项目只关注心理弹性，并没有涵盖个体其他的品质。

施特拉斯积极心理学课程是积极心理学与教育学实践融合的综合研究，研究目的不仅包含个体心理弹性的提升，同时包含对个体人际关系的提升、社会关系的改善，以及积极情绪与消极情绪的调适。

与PRP项目单纯强调学生的心理弹性不同，施特拉斯积极心理学课程更注重学生积极性格与积极品质的培养，帮助学生探索性格中的积极部分，获得性格中积极的部分。研究人员将参与者随机分到两个组：参加课程和不参加课程，在项目中，对学生的社会交往能力、人际关系网络、行为方式进行分析，考查学生在参与项目前后的性格变化，结果发现两者确实存在显著差异。参与者不仅获得了心理弹性，同时还了解到使用积极情绪的意义、如何获得积极情绪、如何获得积极关系等。通过课堂、实践、家校合作等灵活的方式，帮助个体获得了更多的实践感悟，如撰写幸福日记、记录每天发生的三件好事，帮助个体感受生活的积极维度。通过使用新的思考问题的方式，个体将通过积极特质提高自我思考和探索的能力，同时更加认可自我的积极特质，更进一步认可自我。使用自身的积极特质行动，面对问题时更容易发现自身矛盾、找到平衡方式。通过情绪ABC理论、认知行为疗法对学生进行训练，学生能够更加专注地思考，产生心流过程，在与他人交往的过程中，获得共情和换位思考的能力，对人际交往产生信心，相应的积极部分得到提升，问题行为降低。

二、积极教育系统建立阶段

PRP项目和施特拉斯积极心理学课程通过实践的方式关注学生能力和品质的塑造，培养积极人格特质。许多国家的实践都获得了进一步发展，澳大利亚吉朗文法学校作为最先进行积极教育实践的学校，获得了宝贵的实践经验。在学校建立的过程中，致力于将积极心理学理念融入学校建设的方方面面。虽然积极心理学已有相对完善的目标架构和较为明确的体系，但是建构完善的积极教育体系是并没有太多参照和经验的，在实践过程以及学科融合的过程中，存在困难，在这方面，许多国家都在不断推进。

澳大利亚吉朗文法学校作为最先进行积极教育实践的学校，一直致力于将积极心理学理念融入学校建设的方方面面，获得了宝贵的实践经验。现代社会发展速度加快，个体压力和焦虑显著增加，青少年出现抑郁情绪、自我伤害、物质滥用等现象都使得社会和家庭倍感担忧，应对时往往力不能及，未来教育模式和框架的发展应适合当代青少年的特点。正是由于当下社会的高速变化，个体面对越来越多的焦虑和压力，吉朗文法学校希望学生能够通过学习，体验到主观幸福感，在生命中获得更多的价值感和意义感。积极心理学从心理学的大框架中独立出来，成为独立、完整却与心理学存在内在联系的系统，其中包含著名的PERMA模型。PERMA是指人类五大心理基础，包含积极情绪、投入、人际关系、意义、成就五个部分。塞利格曼教授发现，这一教育理念在学校实践中获得了很好的实践效果。正是由于这一先锋作用，各个学校都开始推广积极心理学以及积极教育，积极教育获得了更多的实践基础和关键性的参考信息，并且为积极教育未来的发展提供了更多的理论和实践依据。吉朗文法学校在积极教育实践的过程中形成了新的三层理论架构：快乐、幸福为第一层；积极情绪、积极成就、积极社会关系为第二层，包含个体所追求的积极意义感和积极的主观投入；积极教育在实践过程中出现的直接学习和在生活中的应用非常重要，是积极教育的第三层，也是最重要的一层。积极教育的每一层之间都包含直接的联系，存在广泛和深刻的意义。学生的积极情绪指的是学生能够帮助个体体验到更多的主观幸福感的积极情绪，并且建构积极情绪和体验。积极参与指的是个体有更强的社会活动参与意识，有参与社会活动的兴趣和创造力，在追求目标的过程中发挥决策力，获得自我认可的感受。积极成就指的是在完成目标的过程中，个体能够积极追求、寻找目标的意义，并且有足够的意志品质面对生活中出现的挫折和困境。积极的意义感指的是个体能够找到自己存在的价值和意义，同时愿意为他人和社会做出自己的贡献，在与他人交往的过程中获得积极的感受。努力付出并获得动力的过程，能够提高个体的价值感，同时有利于个体的身心健康。积极社会关系的核心是促进个体与个体之间的关系的发展，促进个体与自己关系的发展，获得人际交往的技巧，保持身心健康。

直接教学是教学的主要方式，通过健康与愉快的方式使学生独立参与到积极心理学的训练中。在已知的学校课程中，从小学五年级到初中，都存在已知的积极心理学课程，帮助学生理解积极心理学的核心概念和相关的应用技巧。其中，镶嵌式学习能够将积极心理学的概念融入学校课程中，包括学生参与的实践活动、运动课程、公益活动等。将积极心理学的概念与学校的学习任务融合在一起共同传递给学生，获得知识、掌握技能，同时还能获得积极的心理品质。比如在语文课程中，教师将积极心理学的理论融合到课文阅读理解中，带领学生共同研读领悟；在其他课程中，如果学生遇到了困难，学习过程受阻，教师可以帮助学生建立心理弹性，获得坚定的学习态度。因此，积极教育课程的理论，在其他的课程中再次被强化，学生获得更多的理解和感悟。在生活中，可以通过融合积极心理学的技巧，在生活中感受积极心理学理论。这一过程中，学校的教职工、家人、社会公众都可以积极参与，对青少年产生潜移默化的影响。

研究者对于吉朗文法学校实施的积极教育实践进行了进一步的探究和评价，结果发现吉朗文法学校的积极教育实践确实获得了相应的成就和效果，证明积极教育能够在学校中实施并获得成效，其成功经验值得各个学校借鉴。经过吉朗文法学校训练的学生，能够获得更多的积极关系，同时获得更多对于自我的积极感受。在积极教育训练中，帮助个体获得亲社会品质和亲社会行为，在志愿活动中经历了积极教育训练的个体，报告了更多的主观幸福感，其幸福感显著高于社会普通群体。另外，学校对于教师和员工的训练获得了应有的积极反馈，95%以上的个体认为，积极教育的训练课程帮助个体获得了更有意义的生活方式，他们认为自己经过培训后，获得了有用的知识，同时可以将知识运用到生活当中去，自己愿意将课程推荐给身边的个体。

第三节 积极教育在我国的实践探索与反思

一、实践探索

当前，积极心理学在学校教育中的应用越来越广泛，在理论和实践层面都取得了不错的成果。积极心理学在学校教育当中应用越来越多，积极心理学相关的学术讨论、理论研讨、积极分享等与日俱增。受到大环境的影响，我国的积极教育体系建设逐渐从理论层面转向实践层面，学术研讨收获颇丰，实践探索逐渐完善，呈现出蓬勃发展的态势。在实践过程中引入积极心理学的观点，通过积极自我认同、积极关系、积极情绪等核心概念，对精心设计的课程和体系进行尝试；注重积极心理学的本土化研究，推动了积极心理学对传统心理学和教育教学方式的更新，为传统教育注入了新鲜的血液。

积极心理学面向大众，具有普适性，在与教育融合的过程中对教育教学目标进行普适化和发展化的分析，能够使更多个体在积极教育的过程中有所收获，引导学生在过程中获得主动的发展和进步。

与传统的教育系统相比，积极教育具有更明确、积极的目标，建构了更加完善的体系，无论是积极成就、积极概念、积极生命、积极价值等概念的引入，还是教育教学内容的丰富，积极教育的实现本身就与完善的体系和丰富的内容相关。教育需要挖掘学生的积极个人特质，帮助学生发现生命价值，培养学生享受幸福生活的习惯。

过去二十年中，心理健康教育与积极教育理念相融合，大大拓展了当代大中小学教育中心理健康教育的层次和深度。心理健康教育在中国一直受到重视，而积极心理教育的引入改善了学校心理健康教育的传统体系，一改过去治疗的方式，采用发掘积极特质的方式帮助学生。通过家庭、学校、社会的合作，学生的心理健康得到了全面重视，高水平的心理健康课程与心理咨询辅导相辅相成、相互配合，在学校的个体教育和群体教育当中发挥了重要的作用，全面渗透于学生的生活当中，培养学生的积极心理品质。

比如，四川省部分小学对积极教育的探索非常具有代表性，他们对不同学校实施不同教育策略并进行对比，一组学校采用传统的心理健康教育方式对学生进行培养，另一组学校采用积极教育的心理健康教育方式培养学生的积极品质。结果显示，实验前后，采用积极心理健康教育课程的学生，心理健康水平和自我认知能力显著提高。上海市搭建了从幼儿园、中小学到大学的幸福生命体系课程，在课程当中完成生命教育贯通性系统的建设。

在社会活动中积极参与和探索，意味着个体有较强的探索欲望和好奇心，能够在社会关系中获得成就感和价值感。对社会活动的积极参与有赖于个体的积极人格特质的发展，而积极人格特质可以帮助个体激发内在动机，发展完整人格。在我国积极教育的探索中，积极人格特质被放在首要的位置，积极人格特质对于个体的社会活动具有重要的影响。在学前教育中，潜能的开发与人格的形成之间有着正向关系。小学教育中，语言能力的发展与智力的发展常常呈正相关的关系。学生的优势课程能够帮助学生获得成就感，教育者在此课程中融入积极教育的理念和信仰，可以促进学生学习积极的思想观念。除了积极人格特质以外，个体从事某一项工作的内在动机被认为是促进个体积极探索的重要因素。可以通过帮助学生学习优势课程，培养学生兴趣、发掘学生潜能，帮助学生发展生命、探究生命价值。

除此之外，个体在社会中的重要社会关系质量对个体的幸福生活同样有着重要的影响。在与他人沟通和互动的过程中，个体通过积极的个人特质实现积极关系的发展。学校在帮助学生建立积极社会关系的探索和实践中发现，积极的师生关系能够让学生获得积极体验和积极的个人品质。在学校教育中，依托教师在课堂渗透积极生命教育，培养教师积极生命关系的理念和认知，使教师做到还课堂于学生，鼓励教师多表扬、鼓励学生，这样教师和学生才能获得全新的师生关系体验。如果学生能够得到教师更多的正反馈，将获得更多的积极体验。长此以往，师生之间就能形成正向的积极关系，形成良性的互动，这也是在学校中帮助学生获得积极社会关系的手段。学生习得积极关系建立的方法，可以应用到其他社会关系的建立中，在社会中获得积极的人际关系和交际网络，提升生命质量。

通过积极情绪教育帮助学生在班级中获得积极的情感体验，能够使学生更加认同班级，获得认知发展。比如，泰山小学的研究项目将积极教育与日常生活有机地融合，利用评选值日班长、今日之星以及选拔升旗手的方式，引导大家承担班级责任，获得更多的价值感和他人的认可。这些活动使同学们发现他人的优点，每个人都能获得自信心和价值感。尤其是平时在班级中存在感较低的同学，能够获得更多的关注和鼓励，建立自我价值感，获得自我认同。学生在与他人的互动中，通过体验的方式获得真实的感悟和成长，这一情感体验是积极的。学校通过建立学生社团、学生俱乐部的模式，培养学生的综合素质，让每个学生都能在校园生活中发掘自身潜力，降低成绩对学生的定义效应和不利影响，帮助学生增强价值感，获得自我成就感。

二、实践的探索反思

总的来说，积极教育引入国内后，在校园实践过程中呈现良好的发展势头。目前，国内的大中小学已出现具有实践意义和借鉴意义的现实教育教学案例。积极教育实践案例能够帮助教育实践者更好地理解教学的核心思想观点，并且在细节上做出调整，以帮助积极教育本土化的发展。由于积极心理学本身起步较晚，而且引入国内不过短短二十年的时间，我国的教育实践仍倾向于借鉴国外经验，缺少本土化实践经验和能够推广的项目。另外，由于理论发展较薄弱，与实践结合不多，许多项目与学校结合不甚紧密，常常出现学校教育与生命教育相矛盾、不匹配的情况。鉴于以上这些情况，我们认为在积极教育学校本土化的过程中，应更多地了解国际环境中积极心理学与教育相结合的实践案例，通过反思我国教育教学现状的方式将积极心理学与教育教学更紧密地融合。

国内的教学实践相对于国外来说，大多仍处于借鉴或发展中的状态，目前的积极教育大部分应用于学生个体层面，在群体层面的应用较少。这反映出积极教育的整体架构性较弱，缺乏整体观和大局观，积极教育仍然需要构建整体框架来帮助实施。基于这样的现状，我们可以通过综合性实践项目进行改良，将家庭、学生、社会通过多种方式加以融合。比如，在教学过程中进行积极教育探索，将某一年级或班级作为试点，在课堂中将积极心理教育和传统教育教学相结合。在课堂之外，帮助学生进行练习和巩固，强化积极教育的理念和核心素养。积极教育在国内的实践研究大多与学校的独特性有着密切的联系，并不能将研究结果和经验进一步推广，且中国文化特色并没有得到重视。学生仅仅是在课堂中学习相关的理论和知识，并没有获得充分的实践机会。因此，在积极教育与学校教育相融合的过程当中，学校应该将积极教育与积极心理学理论有机融合，不仅渗透到课堂中，同时要建构具有积极氛围的学校环境，帮助学生获得积极的教育生态，这是未来积极教育在中国必须要解决的一个问题。

第四节　积极心理学在学校教育实践中的意义

无论从理论角度还是实践角度，积极心理学在中国的教育领域都获得了很大的发展。在不断创新的过程中，只有紧扣积极心理学的核心素养和核心概念，创新和发展才能够有理有据，才更容易被学生、家长、社会所接受，也更能够被教学一线的教育教学工作者所接受，获得良好的教育教学实践效果。本节将从积极心理学理论和概念的三大支柱出发，探讨积极心理学和生命教育如何科学有效地融入我国学校教育中，并尝试建立系统的框架和指导实施方案。

一、构建积极的社会组织系统

积极心理学在实践中重要的部分是帮助个体建构积极的社会组织系统，并融入积极心理学的原理和概念。

塞利格曼认为，积极心理学的三大支柱分别是积极的主观体验、积极的人格、积极的社会关系。我们将从这三个角度对积极心理学做进一步探究。

积极的主观体验指的是个体在生活和工作过程中获得的有价值的正向情绪，不仅包括快乐、愉悦，所有正向的体验都包含在内；所有能够激发个体产生积极情绪体验，并且能够帮助个体获得积极行为倾向的事件，都可以产生积极体验的行为。积极的情绪体验可以分为心理愉悦和感官愉悦。心理愉悦指的是个体在平静的心理当中获得超越自身平衡和状态的积极感受，如学生遇到了非常难的数学题，通过努力和坚持得出答案，获得了主观的愉悦感受。感官愉悦更多是指在个体的生理层面，是个体的本能需求和趋利得到满足后的感受。两者相比较，心理愉悦能够帮助个体获得更多的自我价值感和主观能动性，因此在个体成长和发展的过程中，更有利于个体积极品质和积极价值感的培养。在学校教育中，为了帮助学生获得积极的体验，学校应该以心理愉悦作为增进学生积极感受的核心内容。

对于积极人格的描述，并没有一个被统一接纳的定义，共有24种积极人格特质，比如勇气、力量、大局观、爱的能力、批判思维、好奇、创造等。若个体能够使自己获得更多的积极人格特质，努力发展积极人格特质，就可以实现积极心理学帮助个体成长并获得幸福生活的目标。个体积极人格特质的测量已经发展多年，最新的研究报告发现测量学属性对人格特质有积极的影响。

积极心理学的第三大支柱是积极的社会关系。与积极的人格特质和积极的主观体验一样，积极的社会关系对积极心理学的意义同样重要。积极的社会关系是帮助个体构建积极人格特质的支持性力量，是个体能够不断发展自我、获得积极主观体验的力量源泉。个体在发展积极社会关系的过程中，逐步构建家庭、社会、国家等积极的社会组织关系。

二、构建"以人为本"的"全员全域"教育

自古以来，我国就有以人为本的传统教育思想。春秋战国时期，管仲曾说："夫霸王之所始，也以人为本。"其含义是个体之所以能够获得大众的支持，能够统领国家，根本在于以民众作为国家的本源。"百年大计，教育为本；教育大计，教师为本；学校教育，学生为本。"都是在强调以人为本的思想。无论是积极心理学还是积极教育，都离不开以人为本的核心观念。我们如何在学校开展以人为本的教育呢？我们认为，在学校实践中，应将学生的需求放在第一位，充分关注学生的个体差异和年龄阶段的特点，考虑学生的最终需求，为学生提供更多的实践机会，帮助每一个学生在其优势和需求的领域得到发展。学校不仅要关注一线教育教学工作者教育理念的落实，同时要关注学校非一线教学人员的积极教育理念学习情况。唯有建立生命教育理念和以人为本的校园氛围，才能"全员全域"地开展以人为本的教育实践。

三、培养积极个人品质

随着社会的高速发展，面对激烈的竞争，假如学生不能拥有积极的个人意志和品质，在学习和生活的过程中都将面临巨大的压力，积极心态成为学生越来越重要的品质之一。为了帮助学生获得全面的综合发展，在教育教学的过程中，教师应该重视学生积极个人品质的培养，帮助学生在潜移默化中获得积极的心态和积极的价值观。这样才能保证在面对繁重的课业压力时，学生依然能够得到全面、健康的发展。具体的方式方法有很多，如学校可以在教育教学中融入积极心理学课程，教师可以引导学生积极思考，积极面对困境，积极面对人生。使学生明白，积极的人生并不是客观给予的，而是主动寻求的。

四、培养抗挫折能力

当前，国内各级教育机构对学生的心理健康越来越重视，在教育教学过程中，重视学生抗挫折能力的培养。深入调查后发现，当下的心理健康教育课程包含对学生抗挫折能力培养的相关内容，但是课程在学生实际应用的过程中并没有达到预期中的作用。特别是在课堂中对学生心理品质的训练，常常不能达到能够帮助学生灵活运用的程度。学生在具体的情境下并没有得到积极的正面反馈，因此学生的抗挫折能力没有得到显著的提升。针对这种情况，建议学校通过积极心理观念和素养的培养，加强对教师抗挫折能力理念的训练，同时加强对学生抗挫折能力的实践训练。只有这样，才能够使学生在未来的人生道路中遇到挫折和困难时，拥有坚强的意志品质，不会丧失了前行的动力。

五、培养学生积极的人生观、价值观

个体积极的人生态度、个体的三观、个体的道德品质之间是相关的。首先，学校可以通过对积极心理的培养和训练，帮助学生获得更美好的道德品质，规范在校的行为习惯。其次，当学生出现价值观偏差以及心理问题时，教师可以通过积极心理学理念的渗透，对学生进行共情，换位思考，帮助学生认识到生命的价值和生命的意义，重塑正确的价值观和人生观。教师通过对学生的共情、换位思考等方式，理解学生的所思所想，帮助学生进行三观的重塑。最后，教师还应该在教育教学过程中，向学生传递正确的三观。值得注意的是，理论的传递过程相对复杂，应该让学生通过体验的方式获得更加真实的感受。教师通过潜移默化的方式帮助学生获得感悟，为了实现这一目标，学校的一线教育教学工作者应该以身作则，做学生学习的楷模。

积极心理学不仅能够帮助个体获得更加积极的心态和价值观，同时在教育教学过程中，教师还应该利用积极心理学的核心观念，帮助学生意识到拥有和谐校园的重要性，能够与学生共建和谐校园，提升教学效果。对积极心理学教学理念的应用，不仅教师是实践者，教育过程当中的每个人都是实践者，包括家长、学生、教师、管理者等。

为了帮助学生能够在未来获得更好的发展，教师应该将积极心理学的理念和素养应用在教学实践和日常生活中，通过这样的方式帮助学生发掘生命的力量，培养抗挫折能力，获得个性的发展以及积极人格的完善。我国的各级教育机构都应该重视积极心理学理念的应用，获得应有的教育教学效果。

第五节 生命教育与学校教育的融合

一、生命教育与青少年幸福感息息相关

随着社会的高速发展，家庭、学校、社会都对青少年的学业和生活提出了更高的要求。青少年背负着越来越大的压力，青少年的个体幸福感和主观意识都受到影响，青少年的自我认同感与感受到的压力、主观幸福感之间存在显著的相关关系。青少年的心理健康发展与个体的主观生命价值感有直接联系，当个体面对重大的挫折和危机时，只有个体拥有较强的生命价值感和意义感，才能渡过难关。首先，青少年想要获得更多的主观幸福感，生命教育是必不可少的途径和方法之一。幸福感是个体的主观感受，当个体对近期的生活状态和质量感到满意，并且符合已有的内在标准时，个体将感受到更多的主观幸福感。当个体处于适应的环境中，对个体生活都有足够的掌控感时，就能够与周围的他人建立积极的关系，认为生命有意义，生活有目标，并能够做到高度的自我接纳。这就是说，青少年获得较高的生命意义感的同时，将会获得较高的主观幸福感，没有生命意义感的青少年将很难拥有幸福的生活。

个体对生命意义感的认知是个体获得更多主观幸福感的基础。生命意义感较高的青少年会采用更加积极的方式，对生活中产生的突发事件进行归因。他们会认为失败是由于不稳定的外在因素导致的，而成功是由于相对稳定的内在因素导致的。他们在面对困难时会保持乐观，适度反思，从多个角度寻找解决问题的方式，探索问题发生的原因，并在进行主观探索的过程中，个体将会体验到更多的主观幸福感。

生命教育对青少年的意义体现在方方面面，在青少年成长的过程中，必然会经历压力和挫折事件，青少年如何处理压力、面对挫折，采用何种方式认知、思考和解决问题，生命教育将产生重要影响。拥有生命意义感

的个体面对压力事件时，可以选择更加成熟的方式应对，成熟的应对方式与生命意义感之间存在显著的正相关，拥有更强生命意义感的青少年在面对挫折和压力时，会冷静思考、理智分析和判断，最终选择恰当的方式应对，而生命意义感较差的青少年在面对压力时可能会产生更多的负向情绪。

在成长过程中，青少年面对的主要问题——挫折和压力事件分别来自学校和家庭。在学校中的人际关系和学业压力，以及家庭中的突发事件，对青少年的心理状况都可能产生较大的扰动。处于青春期的青少年容易受到外界因素的影响，个体选择何种应对方式将对青少年的身心健康产生不同的影响。假如青少年拥有较高的生命意义感，会通过更加冷静和理智的思考处理事情，通过明确而清晰的目标和判断，有效地掌控自己的生活，应对生命中出现的挫折和压力，并且获得更多的生命意义感，肯定自己在面对外来压力时的表现。生命意义感可以帮助青少年通过成熟、理智的方式思考，并且通过成熟、理智的方式解决和应对问题。

生命教育的重要目标之一就是帮助青少年获得更高的自我认同感。青少年在形成自我认同感和自我同一性的过程中，会受到生命意义感的重要影响，假如青少年缺失生命意义感，将会在形成自我同一性时产生困惑，无法进行自我认同，最终无法形成完整的自我，产生自我的脆弱感。

全球化和信息化对于当下青少年自我认同感的发展产生了重要影响。青少年时期，个体通常会对"我是谁、我生活在什么样的环境中"这样的问题进行思考。在这个过程中，青少年会形成属于自己稳定的三观，探索自己未来发展的方向。但是由于信息化的影响，青少年在接收到的无数信息中，不可避免地会混杂着消极、负面和低级的信息，这些信息将会对青少年的发展和未来探索产生影响。一般而言，具有较高生命意义感的青少年能够坚定自己的内心，根据自己的目标和计划继续前进；缺少生命意义感的青少年，则会因为外部的干扰信息陷入自我怀疑，影响自我认同感的形成。

二、生命意义感缺失的原因分析

青春期是青少年发展过程中波澜壮阔的时期，这一时期青少年会进行大量探索，在否定和认可中找到真实的自己。假如青少年缺少生命意义感，在对自身目标以及存在价值进行探索时往往会感觉手足无措。在人类重要的情感中，生命意义感是最重要的。假如个体在生活中体验到了许多无意义感，将会给个体的生命意义感带来负面影响。个体是由于什么原因产生生命意义感缺失的呢？

创伤性事件是造成个体无生命意义感的重要原因之一。创伤性事件指的是个体在没有准备的情况下，突然经受突发性的、灾难性的、毁灭性的事件，这样的事件可能会使大部分个体经历巨大的情绪波动。无论灾难是人为的还是非人为的，个体都会受到不同程度的伤害。假如在创伤性事件发生之后，青少年没有能力及时正确认识创伤性事件，调整心理状态，在此后很长的一段时间内，青少年都会深陷于痛苦当中，甚至形成创伤后应激障碍。尤其是对年龄较小的个体来说，创伤性事件可能会影响其一生，在创伤性事件刚刚发生时，他们在很长的一段时间内都会感到惊恐、焦虑和不安，影响睡眠和饮食，对身体健康造成很大影响。

精致的利己主义者的出现是生命无意义感的重要影响因素之一。首先，精致的利己主义者指的是有一定的生活追求，却以自己的利益为核心的个体。这反映了在高速发展的社会中，个体盲目追求目标，将个人利益置于他人利益之上，高度聚焦自我。在青少年发展的过程中，有时会受到来自家庭和学校的教育的影响，认为管好自己就足够了。在这样的环境下，青少年常常只能关注到自己的目标和感受，忽视他人的感受和群体的利益，在与他人相处的过程中，影响关系的发展。对于周围发生的事情，常常事不关己，以自己的利益为中心，很难为集体和他人付出努力，做出贡献。在这种情况下，青少年很难获得更高的自我价值感，导致生命意义感的缺失。

青少年在学校期间最主要的任务是学习，对青少年来说，一方面，长时间的机械性的学习可能是枯燥乏味的，在精致的利己主义者的教育方式下，个体如果高度聚焦于自己的主观感受，不愿意考虑未来的发展和他人的感受，在学习的过程中将无法克服困难。这会导致许多青少年放弃对学业的追求，反而追求更多的主观享受。另一方面，传统文化与现实之间的碰撞让青少年认为成绩就是一切，当青少年在学校生活中无法取得理想的成绩时，可能会出现较严重的负向情绪，缺乏对生命真实的体验和感悟，更加无法产生对生命价值感的理解和生命意义的感悟。

三、在生命教育中提升生命意义感

生命意义感对每一个青少年都十分重要，在青少年发展的过程中，生命意义感能够帮助其获得人生的目标，在前进的过程中获得行为的指引，并且为其提供源源不断的动力。当青少年在发展的过程中无法获得生命意义感时，会陷入彷徨、迷茫的状态，不会再向前寻找生命的意义。这就要求教学一线的教育教学工作者，通过生命教育课程，帮助青少年在潜移默化中了解生命教育的核心理念，引导个体获得生命意义感。

（一）发挥团体辅导作用

青少年主要通过与他人的沟通协作建立自我的同一性。在校期间，个体应尽量多地参与集体活动，在集体活动中，会有相对被动的学生，对于他们来说，同伴的支持、教师的鼓励可以帮助他们获得更多的自我价值感和自我肯定，同时进行自我的整合、发现自我的价值。正是由于青少年对于生命意义的认识不够，教师有必要以生命意义为主线，帮助青少年树立正确的生命观和价值观。通过主题教学活动、班会、实践活动的方式，建立学生之间的联系，灵活使用影视赏析、小组讨论、感悟分析等方式进行教学活动。让学生在互帮互助的团体氛围中，围绕有关生命意义的话题分享自己的体会。在分享、感悟的同时，建立良好友谊、感悟真实生命、发现自身价值。通过这样的方式，青少年在互助的情境中，正确认识生命，建立完整三观，最终获得生命意义感。在团体开展活动的过程中，一方面，教师需要考虑时间、人力和物力，通过学生领导者带领团体共同工作；另一方面，团体当中存在多个个体，个体之间存在相互关系，是复杂和双向的，每一个团体当中的成员同时扮演多个角色，与多人建立多重关系，同伴之间可以在行为、价值观等方面相互影响，个体可以在与同伴的互动过程中获得共同的发展和进步。

（二）发挥教师引导作用

当青少年频繁地出现无聊、消极、迷茫等感受时，意味着青少年生命意义感的缺失，面对这样的情况，青少年可能会出现犯罪或伤害自我等负向行为。因此，在教育教学过程中教师需要引导和帮助学生正确地看待生命，正确地看待自身价值，帮助他们建立更好的人际关系，有勇气去追寻自己想要的生活，理解所处的自然和社会环境，帮助青少年获得坚定的意志品质，对抗生活当中的困难。

每个人拥有不同的基因和成长环境，正是由于这些因素导致社会中每个个体之间存在差异，在面对相同的生活事件时，每个个体都会有不同的理解和感悟。为了培养学生的生命意义感和积极乐观的生活态度，教师自身首先要有积极的生活态度，才能在与学生沟通的过程中，深入挖掘学生的所思所想，站在学生的角度考虑问题，帮助学生对生活进行反思，感受生活带来的影响，形成积极的认知。与此同时，在面对相同的事件时，个体心理素质的差异也会导致处理事件方式的不同。因此，教师需要帮助学生调节自我，锻炼心理素质。调节的方式可以非常灵活，教师在教学活动中对学生进行引导，通过唱歌、倾诉、聊天、发展兴趣爱好等方式调整心态，帮助学生了解自己的特点，帮助学生从消极和抑郁的情绪中走出来，学会站在积极的角度看待生活。此外，明确的生活目标意味着个体可以获得积极的生活态度。在教学过程中，引导学生为了达成目标而付出努力也是教师的必要任务。教师需要基于学生不同的心理特点和发展目标，帮助学生建立适合自己的小目标，鼓励学生挖掘内在动力，不断前进，最终将感受到完成目标的喜悦和快乐。

（三）培育感恩之心

对于金钱、权力、地位的追求，以及生命价值感的匮乏，是个体发展过程中缺乏生命意义感的重要原因。如果个体能够拥有感恩之心，将会获得更多的生命意义感。感恩指的是对生命中所有拥有的部分表达感谢的过程，是个人积极品质的一部分。在个体遇到不良的生活情境时，可以通过感恩的方式缓解自我的不良情绪。在生活中，愿意感恩的个体将获得更高的生命意义感。在教学过程中，融合生命教育必要的步骤就是对个体进行感恩教育，帮助学生获得美好品德，促进学生身心发展，有助于学生获得更有价值感和更有意义的生活。

　　家庭和学校对感恩教育越来越重视，但是感恩教育的内容却有待商榷。在学校教育中，感恩往往是对生活中的重要他人表达的善意表示感激，而来自自然和社会的馈赠却往往被忽视了。因此，教育教学应该在强调感恩他人的基础上，引导青少年学会发现来自大自然和社会的恩惠，帮助学生了解社会和自然给予自己的馈赠。只有在热爱和保护自然的基础上，个体才能够更加珍爱我们的环境，承担更多的社会责任，树立社会意识感，通过自己的努力改善社会氛围，改善自然环境，报答养育我们的环境。

　　感恩教育不仅要存在于课堂、学校中，还要落实到青少年个体的生活中。在学校，教师可以通过主题班会、集体活动的方式，引导学生对生活中遇到的值得感恩的事情进行讨论和反思，并在每天睡前记录，记录的内容不仅仅是我们个人的经历，也可以包括他人的经历、与自然和社会的互动等。在学校的感恩教育中，同学们会形成感恩的思维方式，同时将这种思维方式带到家庭和社会中，改善社会氛围，为社会带来正能量。

第六节 积极心理学视角下的生命教育体系构建

一、生命教育体系构建的意义

生命教育在中国传统文化中早有阐述，其概念被欧美国家提出，传播至国内后渐渐开始了国内的本土化发展和融合。生命教育的意义表现为"积极体验—积极感悟—积极行为"的过程。教育帮助学生发现生命的价值和意义，帮助个体在现有基础上发展生命的价值。生命教育的目标非常明确，希望个体能够尊重自己和他人的生命，并且获得生命的价值；希望个体能够在尊重他人生命的基础上理解他人，尊重个体之间的差异，获得良好的人际关系；希望个体能够在群体中获得适应，获得群体认同，发展亲密的社会关系，而不是反社会行为。

（一）获得积极的生命能量

生命教育涵盖的主题非常广泛，包含积极生命事件，例如我们常常在新闻媒体上看到的对流浪猫狗的救助。同时，生命教育也涵盖负面事件，如缺乏对个体的临终生命关怀等。在不同的事件中，个体将会感受到完全不同的情感力量。在面对积极的生命事件时，个体能够感受到生命中积极的力量，并且愿意通过这种力量获得更多的潜在动力并分享给他人。在学习、生活和工作中，个体常常感受到自己存在的缺点，这种感受可能会让个体感受到焦虑等不愉快的情绪。面对自己的追求无法达到的境况，个体常常会有这样的感受。但是在面对消极的生命事件时，个体能够感受到自己身上的缺陷并不是独有的，有许多的个体和我们一样在忍受着不完美的考验，这种感受能帮助自我获得更好的情感体验，知道自己不是最差劲的，从而消除对生命困境的怨恨和不满，获得积极的生命能量。

生命教育在发展的过程中仍然存在困境。在国内生命教育兴起至今的二十余年中，生命教育一直引导青少年发展自我、成就自我，在学校教育中发挥了重要的作用。尤其是近年来国家政策对于生命教育的重视，引起学校、家庭对生命教育进一步的思考。如果从积极心理学角度探讨生命，我们会发现，无论是在价值取向还是引导方式上，生命教育本身就存在积极的特质。

生命教育在过去的发展历程中，重视学生发展过程中出现的问题，但在价值取向上忽视了生命原本就蕴含的积极力量。无论是生命教育的理论还是实践，常常都会以问题作为出发点，将生命过程中出现的身心问题，作为生命教育发展和指导的对象，"迄今为止所有以'生命教育'为标识的生命教育理论和生命教育实践都是某种'问题意识'的产物，即自然生命问题和精神生命问题的产物"①。不可否认的是，生命教育自出生至今一直都具有解决问题的功能，这一点对于学校教育和青少年的发展都起到了积极的作用，并且有利于青少年的成长和发展。实际上，生命中的问题得到解决，只能证明个体回到了正常人的区间，但未必得到更好的发展。随着社会的高速发展，学校中出现的生命问题将会变得越来越复杂和难以预测，生命教育将难以涵盖所有学生出现的问题。在这种情况下，教师只看到了学生的问题，却没有看到个体完整的生命。在矫正个体生命的问题中，忽视了个体生命中本来就蕴含的积极人格特质，导致生命教育在解决问题的道路上越偏越远。

从生命教育的目标上看，保证学生个体的生命安全是基本的要求，但是一旦将全部的注意力聚焦在维持生命的安全上，可能会忽视个体之间的差异和个体真正的诉求。青少年正处于活泼好动的时期，因此，学校和教育部门将保证青少年的身体健康和生命安全作为生命教育的重中之重。也正是由于这个理由，学校可能会减少学生的活动方式，甚至取消学校实践活动的机会。可见，学校将生命教育看作安全教育，一味地强调青少年生命的安全，忽视了青少年在学校中需要获得生命发展的需求，青少年需要拓展丰富的精神世界。从积极心理学的视角来看，帮助个体获得幸福的人生是重要的议题。什么才是个体真正的幸福呢？积极学心理学认为个体需

---

① 高伟.从生命理解到生命教育——一种走向生活的生命教育[J].北京师范大学学报（社会科学版），2014（5）：36.

要有良好的人际关系，获得对于生命正确的理解以及自我价值感，在人际交往中有积极的情绪体验。仅仅停留在生命安全角度的生命教育，割裂了个体的精神和身体的完整性。在重视身体安全的基础上，忽视了精神的追求，不能触及生命真正的感受和需求，无法帮助个体获得生命价值感和生命的意义感，不能算是真正意义上的生命教育。

（二）促进终身发展

许多学校将生命教育作为指标完成，而忽略了生命教育是否真实地起到了效果。一部分学校给生命教育贴上了标签，认为生命教育完全等同于安全教育和思想政治教育，认为生命教育没有独特的特点，为校园文化、集体活动、社团活动、心理健康团体活动等贴上了生命教育的印记，却没有真正思考怎样通过这些活动提升个体生命的质量、引导学生对生命进行思考。过犹不及，有一些学校将生命教育等同于生命知识，将鲜活的生命等同于落在纸上的概念，对其进行概括，将生命教育限制于书本和纸张中。还有一些学校认为生命教育是获得社会资源以及评比的工具，并没有真正地帮助学生认识生命并获得生命的发展，而只是对教育方式的翻新，在绚丽的外表下，难掩其生命教育本质的空洞，因此生命教育往往流于形式。在一定程度上，这些生命教育方式都意味着生命教育实践的落实可能远没有我们想象得那么乐观。

体验性是学生对生命进行深入的了解，并且获得生命价值感的最佳方式。只有学生亲力亲为，感受到自己作为一个独立的个体发挥主观能动性并体现价值，才能让学生真正地理解生命价值的本质。基于学生的现实情况，我们要发展学生的兴趣，通过组建不同的社团和团体、组织开展相应的活动，帮助学生发展自己的特长；通过各种仪式和节日，帮助学生搭建平台，获得更多的主观成就感。这些灵活多样的活动方式，既是对学生优势的肯定，又是对学生成长过程的一次集中会演。在这一过程中，学生能够获得更多的自我价值感，肯定自己、找到自信，进而在集体当中找到自己的位置，同时也可能将兴趣爱好发展为自己一生的事业。在学校团体中，学生能够融入进来，找到方向，同时通过体验的方式获得生命价值感，这也是生命教育最终的目标。

学校还可以发动社会与民间公益组织的力量，在特定的假期进行特定的综合实践活动。例如，组织学生从学校走出去，参观社会中的各种纪念馆、图书馆。在一系列的大型活动中帮助学生发挥自己的主观能动性，通过切实体验的方式对客观社会进行全面的认识和了解。这样的系列活动不仅是学生的成长，更是对学生未来发展的引导，有助于引导学生，感受当下，思考未来。

家庭、学校与社会是生命教育的三大阵营，无法割裂。因此假如学生需要对于生命有更加真实的体验，只有对三者进行统整，才能帮助个体对生命获得更多的认识和感知。

学生的发展需要家庭、社会和学校共同努力，三者任何一方的缺失都是对学生成长环境的破坏。因此，积极心理学视角下的生命教育体系的构建，必须将家庭、学校、社会联合起来，共同构建生命教育的多维度立体化的支持系统。这样的支持系统对学生生命发展的过程来说十分重要，也是生命教育体系建设当中必不可少的一部分。在生命教育的过程中，需要三者合力才能帮助完成生命教育这项系统生命工程。首先，学校是生命教育的主要场所，也是生命教育的主体，在生命教育中担负着主导作用，教育的方式和内容依靠教学一线的教育工作者；其次，家庭是青少年产生最多联结的场所，因此学校应该争取家庭与学校形成统一思想，帮助学生获得生命成长，方式可以灵活多样，目的是让家长和青少年共同参与到生命教育过程中来，感受生命教育带来的变化；最后，社会也是生命教育过程中的重要力量，不能割裂，否则无法建设完整的生命教育环境，也无法使个体完成对生命教育的完整体验，只有将三者统一，才能真正地实现个体生命价值的最大化。

二、学校实践策略：构建积极的生命教育环境

学校需要联合家庭、社会，通过实践性的教育方式，为个体建立生命教育体系，帮助个体形成积极的生命价值感。

不同于其他国家级课程，生命教育不是一门知识性的课程，而是对个体的综合发展以及未来发展方向的探讨。在教育过程中，完成教育教学的

主体不仅仅是学校，还有家庭和社会。对生命教育的引导，并不只是教育部门和社会管理部门的事情，而是家庭、学校和社会等方面的共同合作。从这个角度来讲，生命教育体系的建立需要由学校组织，联合社会和家庭的力量为生命教育的课程和体系建设共同努力。

（一）转变教育的思维模式：以"培优"代替"补足"

传统教育倾向于通过"补足"模式对学生进行引导。在这个过程中，教师关注学生的弱项，并且试图帮助学生弥补。这种模式来源于木桶理论，木桶能够容纳水的容量取决于最短板子的长度，但事实上补足的本质仍然是对学生负向特点的关注。在这种情况下，学生也会关注自己的弱势和缺点。试想每天面对自己不擅长的科目，如何能够获得积极的体验，如何能够获得主观幸福感并且探寻生命的价值呢？因此补足的模式可能会使学生认为我是最差劲的，转而去做相对容易并且擅长的事情。40%以上的中学生存在这种固定型思维，与之相对的是成长型思维，有成长型思维的个体能够认识到自己的头脑是可以成长并且获得改变的，每个人的智慧是后天形成的，而不是由先天决定的。当个体能够拥有这样的思维方式时，就意味着个体更加相信自己的能量，相信生命是可以被改变的，因此在这个过程中，个体将表现得更加积极和乐观，在面对生命的突发事件时，也会更加冷静地找到解决策略①。

在帮助学生培养成长型思维的过程中，首先要直面学生的习得性无助现象。习得性无助指的是个体长期处于困顿的情况下，失去了反抗和面对的能力。因此，积极心理学视角下的生命教育是帮助学生主动对知识和内容进行探寻，积累丰富的主观体验的过程。这种成长型思维能够帮助个体更加了解生命的意义，比如，在学校教育中，通过校本课程、生命教育课程代替课后补习，通过经典阅读、视频观看、社团设立等方式帮助学生建立积极的品质和感受。在文化课堂之外的课堂中，个体可以突破班级组织的限制，结交到更多朋友，探寻知识，根据自己的兴趣爱好决定研究的方向。这种方式破除了规则的限制，为学生带来另一个角度的主观体验。在

① 席居哲,叶杨,左志宏,等.积极心理学在我国学校教育中的实践[J].华东师范大学学报(教育科学版),2019(6):149-150.

与传统课堂完全不同的形势下，充分激活学生的主观体验，帮助学生获得更多的学校资源。

（二）以生态化教学助力生命成长

日本教育家仓桥惣三认为，生命教育是"感受生活，学习生活，面向生活"。教育需要帮助个体在自己的生活环境中创设属于自己的天地，生命本身是体验的过程，个体在体验学校、家庭生活的过程中，领悟人生的真谛。社会生命和精神生命是生命存在的重要形式，通过体验，个体会不断丰富精神生命。教育本身就与生命存在天然联系，在生态化理念基础上建立起的神态化教学能力为学生带来愉悦的感受，可以很好地感受生命的真谛。构建适合个体成长和发展的环境，为他们将来承担责任和使命创设基础条件，这就是生命教育的意义。

如果把教育生态看作学生成长的大环境，那么学校生态化教学，就是学生成长的小环境。生态化教学既是一种教育教学方式，也是一种教育教学理念。生态化教学指的是由课堂中的教师和学生共同营造的教育教学环境，在相对安全和宽松的氛围中，学生自然融入教学环境，从教育教学生态上来看，应该将学生作为生态教学的主体，通过对学生个性差异的了解，帮助学生明确自己的诉求，围绕学习的内容和方式，在互动的环境中共同成长，学生将会体验到幸福和生成性的持续发展。理想的学校生态化教学既关注个体的成长，又关注个体的差异，看见个体的需求。课堂中，每个学生都能被看见、被欣赏，最终获得自我超越，这样的课堂是学生获得生命价值和意义的重要方式。在生态教学的过程中，个体能够回归到自然生态中，关注生命质量的提升，重视个性的养成，教师在这种教学模式中为学生创设了持续发展的环境。

生态化教学不仅要深入课堂，更要深入学生的生活，对生命展开全方位的抱持，帮助个体理解生命的真谛。

学生进入学校，进入新的班集体，与集体生活当中的个体产生崭新的关系，获得更多的人际交往，参与更多的集体事件，在过程中习得了社会知识和文化知识。个体通过这样的方式认识世界、与世界沟通，这一沟通过程是自然而然流动发生的。只有个体经历了丰富的生活经验，才能对世界有正确的认识，保持开放的心态，乐于与周围的个体与环境沟通，保持正向的态度，使个体在与外界互动的过程中获得价值感。

教师希望帮助学生获得成长，需要做到以下两个方面的要求：第一，教师需要了解学生之间的个体差异以及学生所处年龄阶段的特殊需求，了解学生的所思所想，看到学生真正的成长需求。在日常的课堂中，教师可以仔细观察学生的日常学习生活，看到学生在群体中的表现。通过观察学生的内在需求，通过教育教学日记或成长档案等方式，将每个学生点滴的变化记录在案。教师可以通过与学生谈话、游戏的方式和学生建立更加亲密的关系，在过程中观察学生的个性特点，了解学生需要被关注的方式；第二，在家校联合的过程中，教师应该与家长建立多渠道的沟通，了解孩子在家庭中的情况，并向家长反馈学生在学校的情况，联合建构家校一致的教育方式。正是由于学生千差万别的需求，因此教师要为学生提供多种多样的成长方案。在与个体互动的过程中，教师要根据个体的需求为其提供合适的教学环境和成长方案。例如，在游戏和互动的过程中，教师要设计足够的层次，以适应不同年龄阶段和不同特点孩子的需求；在课程设计和问题设计的过程中，要分门别类地探讨，保护个体的自我价值感和自尊心。

学生需要适合自己的生命成长土壤，需要关注个体生命的价值和对生命真谛的领悟的大环境。在教育教学过程中，教师应该将学生的需求作为学习开展的主体，将触动学生心灵、帮助学生成长作为课堂的目标，在交流与讨论中，帮助学生领悟生命的真谛。当个体能够主动探寻生命的意义，并且主动追求生命的价值时，就代表个体已经学会了珍爱生命。面对青少年出现各种自我伤害、物质滥用等问题时，要帮助学生重新认识生命，树立正确的三观，懂得珍惜每一刻，对自己的身心健康负起应有的责任；当面对挫折时，帮助个体培养强大的意志品质，能够有勇气直面挫折和困境，面对伤害自己的行为，能够勇敢拒绝，做一个有爱心、有责任心、珍爱生命的少年。

（三）提高教师的同理心

教师在教育教学的过程中，应该努力站在学生的角度思考学生的所思所想。同理心又称共情，指的是站在对方立场设身处地进行思考的一种方式，在人际交往过程中，能够体会他人的情绪和想法、理解他人的立场和感受，并站在他人的角度思考和处理问题①。

在教育教学过程中，要求教师能够对学生的反应做出及时的回应，这里的回应是指适当的呼应，呼应并不是指简单的强化和表扬，而是要求教师能够站在学生的角度思考问题，充分体会学生的感受，并给予适时的反馈。简单的鼓励和强化只会使得学生获得更多的外在动机，激励自己的行动，而真正的呼应需要教师根据学生的特点，帮助学生强化内在动机，获得自我发展。举例来说，通过自己的努力，最终解答出数学题的学生，他们想得到的不仅仅是表扬，教师同时要肯定他们自己积极思考、努力探索的精神。久而久之，呼应的强化帮助学生获得了更强的内在动机，使得学生在自我探索和学习的过程中获得了高自尊和高自我价值感，在遇到比较难的题目时，万一出现不好的结果，也不会出现挫败的感受。

科赫特提出的自我对象关系理论②认为，在镜像性自我对象关系中，合适的反应能够帮助学生建立起自我价值感和内在动机。尤其是在青少年阶段，教师的同理心对青少年来说显得至关重要，同理心能够帮助青少年建立自我认知和自我关系。

在学校的积极心理学实践过程中，要对教师的同理心进行特别的训练和培养。首先，对同理心的理论进行普及，帮助教师理解积极心理学教育与传统教育的区别。其次，组织教师对相关案例进行研讨。最后，组织教师集体进行实战演练，对共情、积极心理学理论进行实战演练。在互相沟通和交流的过程中，教师能够对同理心和积极心理学的理念有深刻的理解和认识，并且学会应用到教育教学活动中。

（四）营造积极的学校管理文化

学校的管理文化对教师的心态和教学的效果有着至关重要的影响，因

---

① 陈四光.儒家"万物一体"思想探析：来自共情心理研究的启示[J].南京师大学报（社会科学版），2017（05）：98.

② 郭本禹.百年历程：精神分析运动的整合逻辑[J].南京师大学报（社会科学版），2007（05）：93-98.

此学校要营造公平、良好的氛围。对教师的管理，管理者不能掺杂过多的主观情绪，要保持公正和公平，倾听教师的心声，及时满足教师的需求，实事求是，根据教师的付出评定工作。

教学管理是一门复杂的学问，值得教育教学管理者深入探究。从学生、老师到各级管理层，积极心理学的理论可以灵活运用到其中。当下并没有成熟的理论和架构对其进行规定，需要更多的研究支持。

三、家庭实践策略：家庭——学校生命教育的重要合作者

（一）家庭教育理论体系

家庭教育理论体系对青少年发展具有重要的指导意义。作为未来发展的中坚力量，长期以来，青少年问题的鉴别与矫正已经得到了心理研究领域的重视。但是，以预防为导向的心理健康教育并没有得到充分研究。积极心理学能够将青少年作为积极力量进行培养，发掘青少年自身的潜力，通过系统理论指导青少年的积极发展。但是，青少年个体的发展是连续的、不断变化的过程，他们的发展不能仅仅依靠学校的力量，需要联合家庭与社会的力量，形成统一体系对其进行引导。在青少年发展过程中，早期家庭环境对其影响重大，作为儿童最早的成长环境，家庭是儿童第一个社会化的场所。在家庭中，儿童学会了如何成为一个合格的社会成员，并承担相应的责任。因此，家庭的一个重要功能就是教育个体，并且培养他成为一个合格的社会人。随着社会快速发展，人民生活水平的提高，许多家庭的发展出现了越来越多的变化，家庭模式、家教、家风对青少年发展都有重大的影响。在青少年发展的过程中，家庭究竟起到什么样的作用呢？目前该领域的研究仍处于初期阶段，家庭环境以往被认为是家庭为其成员创造的生活条件和学习条件，如基本的生活保障和学习设备等，对家庭环境的认识仅局限在物质环境层面①。

---

① 张林,赵凯莉,朱婷婷,等.家庭环境影响青少年发展的模式与对策[J].宁波大学学报(教育科学版),2021,43(02):126.

（二）塑造人格品质

家庭作为青少年最初的成长环境，对青少年的人格结构、身体健康会产生多方面的影响。在青少年早期，家庭除了直接影响个体的发展，可能还会影响人格品质的形成。获得了积极人格品质的个体，在面对生活中的挫折时，将表现出更好的适应行为和较少的问题行为，在未来也会有更好的发展。相反，假如个体在家庭环境中没有获得积极的心理品质，在面对挫折时将更容易失败和放弃。随着青少年的成长，家庭不再是青少年唯一的成长场所，个体受到了来自学校和社会的影响，渐渐地成长为社会个体。因此，我们认为家庭会对个体的心理品质产生影响，并进一步影响个体的未来发展。同时，家庭也会与个体所处的社会环境、学校环境共同影响个体的发展。

因此，家庭对个体的发展有十分重要的影响，积极视角下的生命教育必须争取家庭的支持。当然，政府的支持也非常重要，几乎所有的国家，生命教育最先都是由社会提出的，在许多经济发达的地区，学校、社会、家庭已经形成了一套合作机制，共同推进生命教育，这在个体的发展过程当中起到了至关重要的作用。

学校、家庭、社会是每个学生生命成长的三个重要环境，也是三种重要资源。学生进入学校后，学校渐渐成为与家庭同样重要的成长场所。对于青少年来说，学校与家庭有着同等重要的作用，在学校，学生的成长是学校教育的核心目标。因此，学校应该联合家庭，为学生营造共同的成长环境，打造家校联合的共同体。在沟通的过程中，家校的多种教育资源形成了家庭、学校、社会三位一体、多维共同推进的教育资源，实现共同进步和发展。

在某种意义上来说，青少年的成长初期，家庭是青少年成长时间最长、受到影响最大的地方，生命教育必须获得家庭的参与，甚至有些学者认为家庭才是积极心理学视角下生命教育体系的主体部分。因此，学校要求家长的参与，对生命教育的效果至关重要。必要时学校甚至可以从家庭入手，对学生进行指导和关注。

为了建设积极心理学视角下的生命教育体系，学校必须要获得家长的配合和社会的大力支持。在学校开展积极心理学视角下生命教育的同时，要求家庭中也能营造民主、愉悦的氛围，帮助学生建立良好的精神家园。无论学校如何进行生命教育课程，家庭对于学生的成长有着义不容辞的责任，理应为学生提供正能量和愉悦的成长环境。通过这样的方式，生命教育才能够走出校园，走进学生的生命。

建立"政府指导、学校组织、家长参与、社会支持"的家庭教育工作机制。学校在构建生命教育统一体系的过程中，应该起到指导的作用。首先，学校要成立家委会，教育者和家长共同参与到学校的管理中来；其次，学校要借助社会力量，帮助家长和专家进入学校为学生和教师举办讲座、传播知识，办好家长学校，提升家长对积极生命教育的认知水平和教育水平；最后，打造德育学校，帮助个体获得更多的资源，建设班主任、心理教师、家庭教育师的队伍，打通家庭和学校的沟通途径，实现家校零距离。家庭教育的工作机制能够帮助家长成为好家长、教师成为好教师，了解学生发展规律，遵循学生成长规律，让学校教育与家庭、社会教育相融合。

四、社会实践策略：集合社会资源，实现三方共育

（一）体验教育

体验是生命教育开展的最优选择。在实践过程中，个体可以通过亲力亲为，切身感受生命的价值。例如，组织学生通过参观敬老院、扫墓、观看革命影视纪录片等方式，对学生进行生命教育，同时社会层面还可以通过官方媒体、舆论宣传的方式，传递生命教育的理念和方式方法。除了学校生命教育机构、社会及民间公益组织，也可以建立专门的生命教育机构，向学生和家长传递生命教育的信息。各种社会资源的启用可以为青少年建立生命教育的完整场所，让学生通过融入社会、真实体验的方式，对生命教育的概念进行强化。学生在具体的活动中触动心灵，从而实现认知和行为的统一，真正懂得生命的价值，理解生命的意义，做到尊重生命，珍爱生命。此外，在活动中学生会发现集体的意义，大型活动对于学生的触动将会更大。学生会认识到集体和社会对自己成长的意义，对集体和社会也

会有更多的深层理解。这种形式的实践活动不仅帮助学生认知生命，同时也帮助学生获得更多积极的发展途径。

（二）走出学校，走进社会

近年来社会中的研学途径越来越宽泛，作为生命教育的一种重要形式，研学能够帮助学生获得更多的知识、拓宽视野，能够让学生站在更宽泛的角度理解生命。研学是社会生命教育的重要途径，也是家庭、学校、社会三种力量共同努力的方向。在研学的过程中，能够带动家庭、学校、社会三方共同行动，联合促进青少年健康成长。近年来，研学基地的开发、研学课程的创新，都为学生和学校提供了更加丰富的社会资源。每个学生都可以根据学校的具体情况和自己的特点，充分利用研学机构，制定符合自己的研学体系。在研学的过程中，学生会获得更多的文化知识，感受到更多的职业体验；在参观体验中能够与更多的社会资源、个体和自然接触，获得更加丰富的社会实践经验，最终取得对于生命的理解，在社会中寻找到自己的角色和价值；培养个体的责任担当，能够在面对困境时主动解决问题，提出更多的创意发展自我、培养价值认同等；借助社会力量，帮助家长和专家进入学校为学生和教师举办讲座，传播知识，办好家长学校，提升家长对生命教育的认知水平和教育水平。

总之，积极取向的生命教育是开放的系统，需要家庭、学校、社会的共同努力。只有三者共同配合，紧密联系，才能为青少年提供一个积极心理学视角下生命教育的完整场域，帮助个体获得生命教育的根基。

积极心理学视角下的生命教育不仅仅是一门课程，更是一个系统的工程，在这个过程中我们要帮助学生将主观的积极生命教育理念和视角融入思想认知中。作为教育工作者，要始终对学生和教育教学工作保持敬畏之心，用心沟通、用心交流，带着责任感和使命感工作和教学，投入终身奋斗的教育事业中去；要帮助学生认识生命的价值，理解生命的真正意义，发掘自我的力量和价值；要引导学生树立科学的生命信仰，树立积极向上的人生态度，与他们一起谱写幸福完美的人生新篇章！

主要参考文献

［1］冯建军.生命教育的内涵与实施［J］.思想·理论·教育，2006（21）：31-32.

［2］冯竹青，葛岩.物质奖励对内在动机的侵蚀效应［J］.心理科学进展，2014，22（04）：691-692.

［3］黄静茹.中国积极心理学研究发展现状［J］.西南石油大学学报（社会科学版），2013，15（2）：78.

［4］黄渊基.生命教育的缘起和演进［J］.求索，2014（008）：172.

［5］蒋文晖，肖泽萍.心理动力性心理治疗在焦虑症中的应用［J］.山东农业大学学报（社会科学版），2008（1）：77.

［6］李宇红."三生教育"厚植"根的事业"［J］.基础教育论坛，2019（21）：35.

［7］宋兴川，刘慧.生命教育的核心：学生生命自觉意识的培养［J］.丽水学院学报，2017（3）：78-79.

［8］魏艺，张景书，薛东亚.生命教育的目标、内容及路径选择［J］.中学政治教学参考（下旬），2014（2）：67-69.

［9］武成莉，王淑敏，宋宝萍.积极心理学对研究生心理健康教育的启示［J］.教育与职业（理论版），2011（003）：76-78.

［10］夏同云.加强生命教育，为学生的幸福人生奠基［J］.中学课程辅导（教学研究），2015，009（029）：187.

［11］杨政乾，陈泽凡，刘嘉，等.基于游戏的领导力训练［J］.心理技术与应用，2019，7（08）：485.

［12］叶宝娟，周秀秀，雷希，等.亲子依恋对大学生利他行为的影响：领悟社会支持和人际信任的中介作用［J］.中国临床心理学杂志，2020，28

（02）：53-55.

[13] 张林，赵凯莉，朱婷婷，等.家庭环境影响青少年发展的模式与对策 [J].宁波大学学报（教育科学版），2021，43（02）：124-125.

[14] 张蓝，郝振君.实施生命教育，提升生命意义感 [J].中国德育，2020（15）：14-16.

[15] 张毅，刘魁，张毅，等.生命教育的现代性困境与本质回归 [J].中国教育学刊，2018（3）：30-32.

[16] 张谦.生命成长层次视角下的生命教育目标和内容分析 [J].重庆电力高等专科学校学报，2016（3）：6-7.

[17] 周桂.生命教育的实践困境与破解路径 [J].教学与管理（理论版），2020（002）：56-59.

[18] 张林香.幸福教育视角下职业学校的生命教育 [J].当代教研论丛，2019（010）：128-129.

[19] 张忠仁.积极心理学的幸福能力观 [J].理论界，2006（05）：140-141.

[20] 赵紫芮.我国终身教育体系构建政策的成就、问题与建议——基于《国家中长期教育改革和发展规划纲要（2010—2020年）》实施十年的思考 [J].成人教育，2021，41（01）：8-9.